给孩子讲点

人文知识

宿　磊◎主编

华龄出版社

HUALING PRESS

责任编辑：林欣雨

责任印制：李未圻

封面设计：颜　森

图书在版编目（CIP）数据

给孩子讲点人文知识 / 宿磊主编. –– 北京：华龄
出版社，2018.8

ISBN 978–7–5169–1245–4

Ⅰ.①给… Ⅱ.①宿… Ⅲ.①人文科学 – 青少年读物
Ⅳ.①C49

中国版本图书馆CIP数据核字（2018）第181177号

书　　　名：	给孩子讲点人文知识
作　　　者：	宿磊　主编

出　版　人：	胡福君
出版发行：	华龄出版社
地　　　址：	北京市东城区安定门外大街甲57号　　邮编：100011
电　　　话：	58122254　　　　　　　　　　传真：58122264
网　　　址：	http://www.hualingpress.com

印　　　刷：	三河市东兴印刷有限公司
版　　　次：	2019年7月第1版　　　2019年7月第1次印刷
开　　　本：	710×1000　1/16　　　印　张：14
字　　　数：	180千字
定　　　价：	39.80元

（如出现印装质量问题，调换联系电话：010-82865588）

前言

晋代陶渊明有言："勤学如春起之苗，不见其增，日有所长；辍学如磨刀之石，不见其损，日有所亏。"意指知识的积累不是一件一蹴而就的事情，必须坚持不懈，方能有所成就。

同样的道理，中小学生要提高自己的人文素养，就要用"驽马十驾"的精神去博览群书，掌握一定的人文知识。只有如此，才能使自身的视野更加开拓，内心更加丰富，从内而外散发出"人文"气息，显得文质彬彬、博学多识。

从某种意义上，人文知识与其说是一种知识，不如说是一种特殊的能力。这种能力是孩子们学习的引导者、发散思维的点灯人，同时也是他们生活中心有灵犀的好友。一旦拥有了这种"知识能力"，就必然会"站在巨人的肩膀上看问题"，用前人留下的丰富文化来弥补自身知识体系与认知体系的不足之处。

在学习人文知识的过程中，孩子们完全不必像做数学题那样，冥思苦想，费尽心思，而应把这个过程当作一种游戏来做，只不过这是一个相当有趣但又有点儿漫长的游戏罢了。人文知识不可能对人的整体素质起到立竿见影的效果，但是它却能在潜移默化中提升孩子的文化底蕴。

为了使现在的孩子跳出课堂的羁绊，全面提升他们对学习和生活的浓厚兴趣，拓宽他们的知识体系，提升他们的人文素养，我们特意精选出中小学生成长过程中最需要知道的一些人文知识，编撰成这本《给孩子讲点人文知识》。

这本书的内容虽然谈不上包罗万象，但也涵盖了古今中外人文知识的方方面面，涉及人类文明、文学、艺术、风俗、节日、哲学、古迹等各个层面，意在通过一个个妙趣横生的人文知识来展现从古至今人类文化的内涵。

翻阅此书，如同听一位智者娓娓道来，从远古盘古开天地，说到古文明的骤然消逝后的世界；从人类最初的文字和文化，说到古今中外的文学、艺术、哲学等方方面面。平日里枯燥乏味的知识，霎时以一幅幅栩栩如生的人文画卷的形式呈现在我们面前，使我们沉浸其中，乐而忘返，不知归处……

这里是真正的"世外桃源"，人类的文明造就了这个村庄，那些耀眼的人文者是这里世世代代勤劳耕耘的村民。他们都有着异常丰富的想象力，为了给平淡乏味的生活注入生机，他们有的画画，有的奏乐，有的演戏，有的起火做美食……他们创造了许多的奇迹，这些奇迹在我们今天看来就是文物古迹；他们闲暇时的讨论被我们定义为哲学。潺潺的溪水是时间的脚步，它缓缓地流着，把这些人文者创造的璀璨文化带到今天。于是我们有幸拜读他们留给我们的宝贵人文知识，并从中汲取成长的养料。

此外，父母们还可以和孩子一起阅读此书，并以讲故事的形式把这些古今中外的人文知识讲给孩子们听，在亲子互动中，去除平日苦口婆心的说教，营造一种温馨、和谐、轻松的氛围，与孩子共享人文知识的饕餮大餐。

目 录
Contents

第一章　人类文明的起源与发展

第二章　文学史上那些璀璨的繁星

【中国部分】

【外国部分】

第三章　品茗中外经典的神韵

【中国部分】

第四章　书法、绘画、雕塑——线条中的艺术美

第五章 听天籁之音，赏动人舞姿

第六章　经典戏剧与曲艺——舞台上的多味人生

第七章　知道点简单的哲学道理

第八章　文物古迹——穿越时光的至宝

【中国部分】

第九章　丰富多彩的传统节日与习俗

第一章

人类文明的起源与发展

【中国部分】

我们的祖先究竟从哪里来的

我们华夏民族有着悠久的历史，通常，我们说自己是炎黄子孙，那么你是否想过：黄帝、炎帝的祖先又是谁呢？我们祖先的祖先究竟是从哪里来的？

要知道这个问题的答案，不妨先听一个古老的神话：天地开辟之前，宇宙是混沌的一团气，里面没有光，没有声音。这时候，出了一个盘古氏，他用大斧子一下子开辟了混沌。轻的气往上浮，就成了天；重的气往下沉，就成了地。以后，天每天高出一丈，地每天加厚一丈，盘古氏也每天长高一丈……眨眼间，一万八千年过去了，这时候，天高地厚，盘古氏当然也成了顶天立地的巨人。后来，盘古氏死了，他身体的各个部分就变成了自然万物：太阳、月亮、星辰、大海、山脉、花草等等。

这只是一个古老的传说，这个传说代表了远古人类对于生命本源问题的探索和对自身力量的肯定。后来，经过理论家的探讨和科学家的考证，人们终于弄清人类真正的祖先是从古猿转变而来的猿人。目前，我国境内发现的最早的古人类是云南元谋人，大约有一百七十万年历史。此外，陕西出土的蓝田猿人，大约有八十万年历史；而最有名的北京猿人距今也已经有四五十万年的历史了。

从猿人到人的转变，并不是一蹴而就的，中间要经历许多过程。猿人首先要学会劳动，解放双手；其次要学会说话和直立行走；最后才会成为名副其实的"人"。

伏羲氏：中华民族文明始祖

中国历史上有那么多的帝王，比如：三皇五帝、秦皇汉武、唐宗宋祖……可是在我们这片土地上，最早的王又是谁呢？

伏羲氏是中国古籍记载中最早的王，大约生活在五千年以前。传说伏羲氏的出生很神奇，他的母亲是一位叫作"华胥氏"的姑娘。在一个风和日丽的日子里，她到沼泽边游玩，双脚踩上了一个巨大的脚印，此后便怀孕生下伏羲氏。

伏羲氏有个妹妹叫女娲，据说这兄妹二人都长着"龙身人首"。这说明伏羲氏可能是一个以龙为图腾的部落首领。

伏羲氏所处的时代正是原始社会末期，有许多重大发明都与他有关系。据古籍记载，他根据天地万象、鸟兽的足迹创造了奇妙的八卦。这八种符号相互配合，就包括了天地万物的各种名称，于是人们开始用它来记事，从而结束了结绳记事的历史。

这样一来，绳子成了多余的东西，于是伏羲氏又把绳子编织成渔网，并教会人们捕鱼打猎的技术。为了庆祝丰收，伏羲氏还制作了乐器"瑟"，创作了名叫《驾辩》的曲子，大大丰富了人们的物质和精神生活。伏羲氏还教人们钻木取火，吃熟食，这样人们就告别了茹毛饮血的野蛮生活方式。

据说，伏羲氏生活的地带为现在的山东济宁，所以在济宁至今仍存有伏羲陵。每年的农历三月初三，人们就会从四面八方赶到这里，来祭祀这位中华民族的文明始祖。

原始人为什么崇拜"图腾"

原始人对于图腾的崇拜近乎疯狂，他们把一些图腾当作自己的祖先，并认为这些图腾能保护他们。这种行为，在我们现代人看来，几乎不可理解，可是你知道原始人为什么要崇拜图腾吗？

图腾崇拜其实是一种最原始的宗教形式。在原始人信仰中，认为本氏族人都源于某种特定的物种，大多数情况下，他们认为自己与某种动物或植物有着亲密的血缘关系，于是，图腾信仰便与祖先崇拜发生了联系。在许多图腾神话中，人们认为自己的祖先就来源于某种动物或植物，或者与某种神秘的动物或植物发生过亲缘关系，于是某种动植物便成了这个民族最古老的祖先。《史记》曾记载："天命玄鸟，降而生商"，因此商族把玄鸟作为祖先来崇拜。

因此，图腾崇拜从本质上说，是对祖先的崇拜。图腾与氏族的亲缘关系常常通过氏族起源的神话传说和对特定动植物的称呼看出来。如鄂伦春族称公熊为"雅亚"，意为祖父；称母熊为"太帖"，意为祖母。

　　图腾不仅仅是一种原始的祖先崇拜，还是一种氏族"标志"。图腾标志在原始社会中起着重要的作用，它使得原始人紧紧团结在一起，共同分享集体劳动的果实，共同抵御外族的侵入和猛兽的袭击。同时原始人认为，图腾这种神灵一直就在他们身边，冥冥之中保护着他们的生命。

龙：中华民族的图腾

　　龙是我们中华民族特有的图腾，我们一向被称为"龙的传人"，直到今天，依然到处可以看到龙的雕刻、龙的装饰、龙的器皿、龙的绘画……那么，世界上究竟有没有龙这种动物呢？为什么我们这个民族会对它顶礼膜拜？

　　龙的传说历史已久，但其实世间并不存在龙这种动物，它是人类想象的产物。据考古学家研究，早在五千多年前，中国北方有个华夏族，势力非常强大。他们在蛇的图形上，添加了图腾的特征，有鳞甲类图腾、有角兽的图腾、有四只爪子的爬虫类图腾，还有多种猛兽的图腾，最终融合成一种不可一世的庞然大物，这就是"龙"的由来。后来经过商、周以及战国时期对龙的不断完善，到秦汉时，龙的框架便成型了。

　　在龙图腾的发展过程中，龙逐渐成为皇帝的象征，皇帝往往自称"真龙天子"。上下数千年，龙已渗透到中国社会的各个方面，成了一种文化的凝聚和积淀。龙象征着中华文化，象征着中华民族，更象征着我们的国家——中国。

汉字到底是谁创造的

方块汉字承载着我们华夏民族悠悠几千年的历史，可以说是中华文明中不可或缺的一部分。历史上有仓颉造字的传说，但是，汉字真的是他造出来的吗？

东汉许慎《说文解字》记载：黄帝时期，仓颉是造字的史官，被尊为"造字圣人"。由此可以推知，早在四五千年前，我国就已经有了文字，并且比较一致的说法为文字是仓颉造出来的。

近代以后，人们对于仓颉造字开始有了分歧。其中关于造字比较权威的观点是：承认仓颉造字，同时，认为当时应当是有很多人参与的，或者经过很长的历史时期的积累，文字的创造并非仓颉一个人可以完成。比如，鲁迅先生认为："……在社会里，仓颉也不是一个，有的在刀柄上刻一点图，有的在门户上画一些画，心心相印，口口相传，文字就多起来了，史官一采集，就可以敷衍记事了。中国文字的来由，恐怕逃不出这例子。"也就是说，鲁迅认为，汉字是由许许多多的像仓颉这样的人慢慢丰富起来的，仓颉只不过是这些人中比较重要的一位而已。

其实"汉字是不是仓颉造的"这件事并不重要，重要的是汉字出现的意义。自从有了汉字，我们国家无论发生什么事都可以用这些方块字记下来，从而使我们的历史进入了有文字记载的时代。

神农尝百草，日遇七十毒

远古时期，人们都是以狩猎和采摘野果为生，根本不会种植粮食。因为食物单一，所以他们的体质并不好，平均寿命很短。那么是从什么时候起人们学会种粮食的呢？又是谁教给他们这项本领的呢？

在那个遥远的时代，人类生活异常艰苦，瘟疫和伤病时刻威胁着人类的生命。部落首领神农氏见到人们被疾病和伤痛折磨着，心中非常不安，便下定决心去为人们寻找治病救命的药物。他踏遍了许多高山，采集各种草木的花、实、根、叶，然后亲自品尝味道，并体会服食之后的感受。这些植物吃下去，味道各不相同，酸甜苦辣涩五味俱全；吃下去以后，有的使人寒冷，有的令人燥热，有的温润滋养；有的能止痛消肿，有的使人呕吐腹泻，也有的让人精力倍增，甚至还有的服食之后，令人痛不欲生。

但这些并没有动摇他为民除病的决心。据说，那时神农曾在一天之内中毒七十多次，最后终于找到了各种药用植物和食用植物，他记下这些植物，并教给人们播种五谷。从此人们学会了采药治病和播种五谷。

这个教给人们采药和播种五谷的神农氏便是"三皇之一"的炎帝。"神农尝百草，日遇七十毒"则是他的大德的完美写照。

文明新阶段——仰韶文化

目前，国外已知的最早文明是位于两河流域的苏美尔人创造的苏美尔文明，此外，还有古印度文明、玛雅文明、埃及文明等。咱们中国的文明是从什么时候起源的呢？

现在我们所知道的中国最早的文明是仰韶文明。1921年由瑞典考古学家安特生在我国河南境内的仰韶村发现了这一古文明。现在，我们已经发现上千处仰韶文化的遗址，其中以陕西省居多，它是仰韶文化的中心。

仰韶文化持续时间大约在公元前5000年至公元前3000年，分布在整个黄河中游地区。仰韶文化是一个以农业为主的文化，当时已经有了村落，并有一定的房屋布局。村落外有墓地和窑场。村落早期的房屋以圆形单间为多，后期以方形多间为多。房屋用木头做骨架，用泥和草混合做成墙壁。

这时候，人们已经进入农耕时代，使用的工具有石斧、石铲、磨盘等，此外，他们还会捕鱼并蓄养了狗、羊等家畜。仰韶文化前期的陶器多是手制的，中期开始出现轮制的。一些陶器上留有布和编织物印下来的纹路，从而可知，那时候人们已经开始编织和织布了。

仰韶文化可以说是一个过渡期，它标志着我们的祖先已经开始摆脱原始社会的群居生活，逐渐进入一个相对文明的新阶段。

华夏大地上最初的房子

我们现在住在宽敞明亮的房子里，无论严寒酷暑、风吹雨打，都丝毫影响不到我们的生活。可是，人类是从什么时候起开始筑造房子的呢？

史书上说，上古时人少而兽多，人类吃住行都在地面上，经常遭受野兽侵袭，每时每刻都存在着伤亡危险。在这种情况下，部分人类开始北迁。他们来到今山西和陕西一带，受鼠类动物的启发，开始在山坡上打洞，人住在里面，用石头或树枝挡住洞口，这样就安全了许多。但也有一些人不愿向北迁移。这时候有巢氏出现了。他受鸟类在树上筑巢的启发，从而发明了"巢居"。他指导人们在树上建造房屋，房屋的四壁和屋顶都用树枝遮挡得严严实实，还能遮挡风雨，这样，人类再也不用担心猛兽攻击了，从此过上了安宁的日子。

我们祖先的那个时代，房子是很简陋的，与他们当时的住房条件和生活条件相比，我们简直是生活在"蜜罐"里呢！

我们为什么称自己为"炎黄子孙"

在遥远的上古时代，黄河流域住着很多分散的人群，

当时他们的生活并不安宁，既有猛兽来袭击他们，又有疾病来困扰他们。他们为了共同防御野兽的侵袭、饥饿和疾病的威胁，开始按照亲属关系组成氏族，集体去狩猎、采集和捕鱼，后来，很多氏族又联合起来组成了部落。黄帝和炎帝就是那个时候最高的部落首领。

那个时候的人们和现在不一样，他们对于一些突发的自然灾害，缺少抵抗力。于是，一遇到水灾、旱灾，就得搬家。有一次，炎帝部落在搬家的时候，来到了黄帝部落占据的地方，这是一片相对富饶的土地，有数不尽的野果和小兽，还有甘甜、清冽的水，他们被这片土地迷住了，认为是最适宜生存的宝地，于是决定长期住下来。

当黄帝部落的人知道这件事后，根本就不肯让这些外来人入住，结果双方互不让步就打起仗来。经过三次战斗，炎帝部落伤亡惨重。炎帝为了保全剩余的人，只好向黄帝认输，表示愿意听从黄帝的命令。黄帝答应了他的请求。于是这两个部落便共同生活在这片沃土上。

这两个部落的人相处得非常好。黄帝的妻子嫘祖亲自教给炎帝部落的人养蚕、织布、做衣服等技术，黄帝让人把造车、造船的技术教给他们。炎帝也把木犁和草药送给了黄帝。

后来，他们又组成了以黄帝为首领的炎黄部落联盟。我们中华民族的历史就从这时开始了。因此我们现在常常说黄帝、炎帝是我们的祖先，我们称自己为"炎黄子孙"。

"美德的化身" ——尧舜禹

尧、舜、禹的故事历来被人们所传颂，人们称他们为"美德的化身"。他们为什么会得到如此高的褒誉呢？

我们先从尧说起。尧虽为部落联盟首领，但却住在破旧的茅草屋里，他吃粗米饭，穿粗麻布衣服，使用的器皿不过是土碗土钵子。尧自己很节俭，对老百姓却十分关心。古书记载说，当他的部落里有人挨饿，他就说："这是我的错。"当部落里有人受到寒冷时，他又说："这是我的错。"因此尧受到人们极大的敬重，后人尊称他为"仁君"。

舜的美德丝毫不在尧之下。舜待人非常宽厚，他几次受到继母和同父异母弟弟象的陷害，险些连性命都丢了。但当他成为部落联盟首领之后，却不计前仇，照样对他们很宽容。舜还严于律己，处处以身作则，他亲自带领人们耕地、养鱼、制陶。正是由于他的高尚品德，使他在氏族和部落里享有很高的威信，得到所有人的爱戴。

舜继位后，派贤人大禹去治水。聪明的大禹吸取前人的经验，采用疏导的方法治理洪水。最终，不仅制止了洪水，而且还充分利用洪水灌溉了农田。大禹治水尽职尽责，心怀百姓疾苦。在他治水的十三年里，因为他忙着为老百姓治水，三次经过家门也都没有回家看看。人们被他的功劳和美德所感动，在舜死后，顺理成章地推选他来当部落首领。

中国姓氏的来历

咱们国家有很多姓氏，比如张、王、李、赵、钱、孙……可以说，我们每个人都是带着自己的姓氏来到世界的。那么我国的姓氏到底是怎么来的呢？

在遥远的上古时代，姓和氏是分离的。从汉代开始，姓氏混而为一。说到现在我们中国人的姓的来历，那可就多了。在此主要介绍六种。

以姓为姓。姓最初是氏族部落的标志，其后人有的便直接承袭。母权氏族时期，以母亲为姓，那时的姓多带女字旁，如姬、姜、姒、姚等。

以国名为姓。春秋战国时期的诸侯国：齐、鲁、晋、宋、郑、吴、越、秦、楚、卫、韩、赵、魏、燕、陈、蔡、曹、胡、许等，都成为现在常见的姓氏。

以邑名为姓。邑是帝王及各诸侯国国君的封地。其后代便继之为姓。据统计，以邑为姓的姓氏有近二百个。

以居住地为姓。这类姓氏中，复姓较多，一般都带邱、门、乡、闾、里、野、官等字，表示不同环境的居住地点。

以次第为姓。如家族中按顺序排辈，如老大曰伯或孟，老二曰仲，老三曰叔，老四曰季等。后代相沿为姓。

以官职为姓。如司徒、司马、司空、司士、司寇等。

知道了姓氏的来历，你大概就能推测出自己的姓氏是怎么来的了。

【外国部分】

人类最早文明的创造者

　　人类最早的文明出现在什么时候？创造它的使者又是谁呢？要回答这两个问题，我们就要穿越时光，来到距今六七千年前的美索不达米亚平原。

　　地球上最早的文明出现在幼发拉底河和底格里斯河冲积而成的"美索不达米亚平原"，早在前四五二年前，这里就居住了苏美尔人。他们生活的自然环境非常好，如有大量的果树、数不尽的木材、各种野禽小兽，还有鱼类等，而尤为可贵的是，美索不达米亚平原的土壤是极其肥沃的冲积土。聪明的苏美尔人选择了这块"风水宝地"，创造了灿烂的文化，如创造了楔形文字、区分了五大行星，并将肉眼能看到的星辰划分为星座，此外，聪明的苏美尔人还有一个贡献，那就是他们创造了迄今所知世界最早的史诗——《吉尔伽美什史诗》。

　　正是因为苏美尔人创造了如此多的人类早期文明，所以他们才会很顺利地走出原始社会，进入一个全新的文明社会。

楔形文字：人类最早的文字

聪明的苏美尔不仅发明了太阴历，制造了车轮，并且还创造了世界上最早的文字——楔形文字。

最初，这种文字只是图画文字，后来，这种图画文字逐渐发展成苏美尔语的表意文字，把一个或几个符号组合起来，表示一个新的含义。随着文字的推广和普及，苏美尔人干脆用一个符号表示一个声音，后来又加了一些限定性的部首符号，如人名前加一个"倒三角形"，表示是男人的名字。这样，这种文字体系就基本完备了。

苏美尔人用削成三角形尖头的芦苇秆或骨棒、木棒在潮湿的黏土制成的泥版上写字，字形自然形成楔形，所以这种文字被称为楔形文字。

楔形文字是苏美尔文明的独创，最能反映出苏美尔文明的特征。楔形文字对西亚许多民族的文字的形成和发展产生了重要影响。西亚的巴比伦、亚述、赫梯等国都曾对楔形文字略加改造，来作为自己的书写工具，甚至腓尼基人创制出的字母也含有楔形文字的因素。但不幸的是，这种文字由于极为复杂而难以普及，到1世纪，就完全消亡了。

尼罗河滋养了古埃及文明

神秘的尼罗河在历史长河中川流不息，它滋养了古埃及所有的生灵，同时，也带来了灿烂的古埃及文明。

远在旧石器时代，非洲北部的埃及就已经有了居民。那时气候温和湿润，有大片茂密的森林。当时的居民以渔猎和采集为生。约在一万年前，最后一次冰期结束，北非的气候发生了急剧变化，气候变得空前干旱，并出现了沙漠。但纵贯境内的尼罗河却把埃及变成了沙漠中的绿洲，于是早期居民开始迁到尼罗河两岸。尼罗河每年定期泛滥两次。泛滥期间，久旱的农田得到充分的灌溉，有利于农作物生长，并逐渐在河岸形成了冲积平原。

古埃及的农业开始得到极大发展，这一时期，古埃及人发明了象形文字，造出了纸草纸，确定了四十多个星座，制定出了人类历史上第一部太阳历，还大规模地修建了金字塔以及狮身人面像等建筑，创造了人类古老的文明之一——古埃及文明。

埃及人把这一切都看作尼罗神灵的馈赠，并为之编制神话颂诗，如："他信守诺言多么按时，馈赠礼物又多么大方！他向每一个人馈赠礼物，向上埃及、下埃及、穷人、富人、强者、弱者。"

古埃及文字的演变

人类文明的创造，有时候真是有点儿不约而同的相似。我国的汉字最初是由象形文字演变而来的，无独有偶，古埃及人也曾发明并使用象形文字。

大约公元前3500年，古埃及人为了记事的需要，便发明了最初的文字。这种文字是由原始的图画文字演变而来的，可见于当时埃及的一些陶器、印章、石片和骨片上，多是古埃及人用简单的笔画形象地描绘下来的图形和符号。这种图画文字逐渐得到改进，到公元前3100年左右，发展成了比较完备的象形文字。

埃及历史上的第五王朝（约前2498—前2345年）时，从象形文字中演变出一种简化的草体字——祭司体文字。这一名称是由古希腊文"祭司的"演变来的，因为在希腊人、罗马人统治埃及时期，这种文字仅限于祭司使用。

到了公元前700年前后，从祭司体文字中又演变出一种更为简化的草体，称为"世俗体文字"，最早也译为"本土文字"，这种文字主要用于日常生活的书写记录。

古埃及文字发展的最后阶段是产生于3世纪的科普特文字。那时埃及早已被罗马帝国吞并，其居民也改信基督教，传统的象形文字、祭司体文字为科普特文字所取代。

公元642年，阿拉伯人征服埃及，科普特文字被阿拉伯字母所取代，后来仅限于在科普特教堂里使用。古埃及文字从此被世人所遗忘。

南亚文明的滥觞——古印度文明

在世界四大文明古国中，其中有三个国家都属于亚洲，即中国、古巴比伦和古印度。而古印度文明可以说是南亚文明的滥觞。

古印度文明约在公元前2600年开始，并于公元前2000年左右达到它的鼎盛时期。据考古发现，古印度人同苏美尔人有往来，并同美索不达米亚的其他一些民族有贸易关系。当时最主要的交易品是印度的棉花。

但后来在其他一些至今难以解释的原因影响下，古印度文明在前1500年开始没落，逐步走向衰弱。据科学家们估计是生态原因，当时人们需要大量的木材，因此过度砍伐森林，也正是在那时出现了一场灾难性的洪灾。但致命的打击，估计是来自亚欧交界地区外敌的入侵。这些所谓的雅利安人，百年来一直南迁，大约在公元前1400年到达了印度北部，并与当地土著相融合，经过近千年发展形成的一个新的印度文明，其踪迹一直保留到今日。

印加人为何崇拜太阳神

印加人是南美洲古氏印第安人，"印加"的意思是"太阳的子孙"。印加人有一句著名的谚语："别的民族崇拜各种不同的上帝，我们却敬奉永恒的太阳。"为何印加人这么说呢？

印加人对太阳神的崇拜可以追溯到远古时代。印加人对祖先崇拜至极，他们认为祖先曼科·卡帕克来自太阳神，因此他们对于太阳以及自然的力量充满了敬畏。他们不仅膜拜太阳神，还崇拜其他的一些神灵。随着历史的发展，印加人的万

神殿规模不断扩大，又添加了许多新的偶像和神灵。而在其信奉的诸神中，太阳神始终是至高无上、最权威的神灵。

印加人崇拜太阳神也与对自然的崇拜息息相关。对他们来说，太阳能给他们带来光和热，这是人们生存所必需的。因此，他们建造了许多宏伟壮观的太阳神庙，用来供奉他们的主神。

古巴比伦文明：两河流域的璀璨文明

《一千零一夜》以它那诡谲怪异、优美动人、充满异域色彩的故事拨动了一代又一代读者的心弦。这些故事使我们对它那神秘的故乡也萌发出浓厚的兴趣。殊不知，它的故乡在很久以前，曾有过璀璨的文明——古巴比伦文明。

大约在公元前19世纪，底格里斯河与幼发拉底河流域的美索不达米亚就孕育了人类有史以来最早的文明之一——古巴比伦文明。底格里斯河和幼发拉底河中间的地方叫"美索不达米亚"，意思就是"两河之间"。每年春天，高原地区的积雪融化，这两条河就在美索不达米亚泛滥成灾。特别是下游一带，地势低凹，几乎全被淹没。

聪明、勇敢的古巴比伦人在和洪水斗争中，学会了修堤筑坝，开渠造河。当洪水被治理以后，他们和埃及人一样，也享受到了河流定期泛滥的好处。泛滥的洪水带来大量淤泥，使两岸的土壤变得十分肥沃。再加上这里阳光强烈，水量充足，他们开始在这片土地上种植农作物，并屡获丰收。

据说，小麦最早就是生长在巴比伦的。当时的古巴比伦王国，农业、手工业、商业已经很发达了。

不幸的是，在公元前689年，亚述灭掉了巴比伦王国。前605年，新巴比伦王国灭掉了亚述。但后来神庙祭司集团坐收渔翁之利，掌握了实权，然而最终被位于伊朗高原的波斯所灭。两河流域的古巴比伦文明就此宣告结束。

璀璨夺目的玛雅文明

你知道最先使用了"0"这个数字，并与建筑师埃及人齐名的古人类是谁吗？他们是聪明的玛雅人，璀璨夺目的玛雅文明的创造者。

早在五千年前，玛雅人就在美洲开始了他们的生产活动。约公元前2000年左右，玛雅人进入了定点群居时期，并从采集、渔猎时期进入了农耕时期。农业和定点群居孕育了玛雅文明，玛雅文明从此就开始了。

玛雅文明经历了三个历史阶段：前古典时期、古典时期和后古典时期。

前古典时期，玛雅文明的主要特点是建立了许多大型的石碑，石碑上刻有历朝历代的统治者形象以及记述统治者历史的文字。此外，城市里还出现了大型石料建筑物，这标志着玛雅人的建筑已有了一定的规模和水平。

古典时期，玛雅文明的文化特征主要反映在建筑、雕刻和绘画上，其中博南帕克壁画是世界有名的艺术宝库。

到9世纪时，玛雅文明衰落了，此后，玛雅文明北移到了墨西哥的尤卡坦半岛，在那里进入了后古典文明时期。玛雅的后古典文明有奇钦·伊察、乌斯马尔和玛雅潘三大中心。10世纪后，玛雅文明与托尔特克文明相互融合并发展到了一个新的高度，出现了再度繁荣的局面。这时期，玛雅人建立了许多比以前更大和更雄伟的神庙和大型金字塔，并且在天文和历法方面也有着较大的发展和贡献。

古罗马城是怎样建立的

狼是一种凶残、贪婪的动物，如果没有武器，谁也不敢靠近它。然而，意大利人却把狼当作母亲和圣物来崇拜。这真是一件奇怪的事儿。想知道其中的原因，不妨先去了解古罗马城的来历。

意大利首都罗马，距今已有两千七百五十多年的历史。相传，罗马城的建成背后有一个动人的神话故事。

特洛伊战争结束后，特洛伊王安喀塞斯的儿子埃涅阿斯逃出了特洛伊，并和拉提努斯的女儿结婚，继承王位。他的儿子阿斯卡尼乌斯又继其位，并建了新城。如此相传，至努弥托耳执政时，发生了内讧，努弥托耳被他的弟弟篡位夺权。国王的女儿西尔维亚也被他送入神庙为尼。后来战神马尔斯看中了她，与她生下了一对双胞胎。西尔维亚被以破贞戒之罪判处了死刑，生下的孩子也被投入台伯河。

执行者出于恻隐之心，把两个孩子装入篮子里，顺着浅

流放走。篮子漂到巴拉提努斯山下，被一只母狼发现，母狼非但不吃，反而把孩子带回窝中，以狼乳喂养。后这两个孩子被巴拉提努斯国王的牧人找到，交给了国王，国王给他们分别起名为罗慕路与勒莫，并抚养他们长大成人。当他们得知自己的身世后，便返回故土，杀死阿穆利乌斯王，救出祖父。事后，兄弟两人便在巴拉提努斯山下另立新城，拟自封为王。但在新城命名时，兄弟两人发生了争执，罗慕路杀死了勒莫，最终起城名为罗慕路，后称为罗马。

由于罗慕路兄弟二人是母狼所救，因此，后来的罗马人将母狼作为民族的母亲和圣物来崇拜。

紫红色的人——腓尼基人

"腓尼基"是古代希腊语，译为"紫红色的国度"。而腓尼基人则被称为"紫红色的人"，这到底是怎么回事呢？

腓尼基人早已消失在历史的长河中，有关他们的记载大多出自曾经吃过腓尼基人苦头的希腊人和罗马人之手。据说，腓尼基是古代的一个城邦国家，它地处亚海陆交通的枢纽地区，地理位置相当优越。所以航海和商业特别发达。

当时的埃及、巴比伦以及希腊的贵族和僧侣，都喜欢穿紫红色的袍子，可是，这种颜色很容易褪去。他们注意到，居住在地中海东岸的一些人总是穿着鲜亮的紫红色衣服，似乎他们的衣服总也不会褪色，即使衣服穿破了，颜色也跟新的时候一样。所以大家把地中海东岸的这些居民——腓尼基

人，叫作"紫红色的人"。

腓尼基人会生产这种染料其实是一件很偶然的事。据说，有个腓尼基牧人，有一天从海边拿回一大堆的海螺，煮好之后，他扔了几个给他的猎狗，猎狗衔了一个使劲一咬，顿时嘴里和鼻子上都溅满了鲜红的汁水。牧人见狗的嘴流血了，急忙用清水给它洗伤。可是洗完之后，狗脸上仍然是一片红。牧人经过观察发现海螺壳里面有两块鲜红的颜色。他想，如果用里面的颜色染布，一定不会掉颜色。他又捡回一大堆这种海螺，将壳砸碎，放在水里熬，果然熬出了一种紫红色的染料。

从此，这种做法相传开来，腓尼基人纷纷用这种海螺染布并做起了贩卖染料的生意，在当时，腓尼基商人的足迹遍及地中海南北的各个海港。他们逐渐由农民变成了纯正的商人。

第二章

文学史上那些璀璨的繁星

【中国部分】

骚体之祖屈原

伟大的爱国诗人屈原在他坎坷悲惨的一生中，不仅给我们留下了大量的诗作，而且还自铸伟辞，创造了一种新的诗体——骚体诗，因此，有时人们也称他为"骚体之祖"。

屈原出身于贵族家庭，从小受到良好教养。他早年很受楚怀王信任，任三闾大夫，参与国事，同时主持外交。在屈原的努力下，楚国国力有所增强。但由于受他人谗言与排挤，屈原逐渐被楚怀王疏远。公元前305年，屈原被楚怀王逐出郢都，流落到汉北。流放期间，屈原为了抒发自己的抑郁之情，开始进行诗歌创作。也正是在此期间，他创造了一种新的诗体——骚体诗。这种骚体诗不仅句子非常华美，而且还有着天马行空的想象力，字里行间洋溢着他报国的热情。这类诗的句子有的长，有的短，句尾多带"兮"字，如我们所熟知的一句："路漫漫其修远兮，吾将上下而求索。"

但很不幸的是，伟大的诗人屈原创造出这种诗体不久，楚国郢都被攻陷，屈原伤心欲绝，抱大石投汨罗江自尽了。

屈原借这种"骚体诗"，特别是《离骚》，展现自己大半生追求理想美政的历程和一生中所经历的欢乐、忧虑、痛苦与失望，进而将沉郁顿挫、悱恻缠绵的感情，表现得荡气回肠。

自从屈原创造出这种诗体后，出现了宋玉等一大片跟风的诗人，但是他们再努力创作，水平上也没有超过我们这个伟大的爱国诗人屈原。

"文章西汉两司马"

西汉时期，有两个相当有名气的人物，他们都姓司马，都擅长写文章，并且有"文章西汉两司马"之称。你知道他们两个是谁吗？

他们便是西汉辞赋家司马相如和史学家、散文家司马迁。

司马相如，字长卿，四川蓬州（今四川省南充市蓬安县）人。司马相如一生中最大的爱好就是鼓琴。他所用琴名为"绿绮"，是传说中的名琴之一。这个大文学家还与才女卓文君有过轰轰烈烈的爱情，并最终结为伉俪。后人根据他们二人的爱情故事，谱得琴曲《凤求凰》，并一直流传至今。

司马迁生于史官世家，祖祖辈辈都是做史官的，并一直沿袭到他这代。父亲司马谈博学多识，精通天文、易学和黄老之学，任太史令达三十年之久。他的祖辈和父亲对他产生了很大的影响。他19岁便为博士弟子，20岁随博士褚太等六人开始了他的游历生活。在那些云游四海的日子里，他开阔了眼界，知识大为增长，尤其是懂得了很多的历史知识。正

是因为有了这种扎实的基本功，所以他大笔一挥，洋洋洒洒地写出了史学巨著——《史记》。

"竹林七贤"都有谁

"竹"自古以来为文人墨客所钟爱，中国文人的住宅中大多植有竹子。魏晋的名士更不例外，其中有七位名士常聚在竹林中，畅饮论诗，后人因此称他们为"竹林七贤"。你知道这七个名士都是谁吗？

他们便是阮籍、嵇康、山涛、刘伶、阮咸、向秀和王戎。他们有一些共同的经历，比如官场失意、仕途不利，因此他们放旷不羁，常于竹林下，酣歌纵酒。其中最为著名的酒徒是刘伶和阮籍。

刘伶经常随身带着一个酒壶，乘着鹿车，边走边饮，一人带着掘挖工具紧随车后，什么时候死了，就地埋之。刘伶曾写下《酒德颂》一首，大意是：自己行无踪，居无室，幕天席地，唯酒是务。别人怎么看待无所谓，别人越要评说，自己反而更加要饮酒，整日恍恍惚惚度日，不知天气冷热，也不知世间利欲感情。

据说，当年司马昭想与阮籍联姻，但阮籍昏醉六十天，使司马昭始终没有机会开口。于是司马昭只好作罢，不提这事了。

"竹林七贤"这七个人物可以算得上当时文人中的典型，他们知道自己惹不起那些高官贵族，于是就不招惹他

们，躲到竹林里喝酒去。他们借酒浇愁，以酒避祸，甚至酒后说一些很狂妄的话。他们不仅是在逃避那个时代，同时也是在逃避自己。

王羲之以字换鹅

在人们的印象中，王羲之是个温文尔雅，比较严肃的书法大家，可是他偶尔也有诙谐的一面，如他用字换鹅这件事，就颇有意思。

行书相传为东汉刘德升所创，流行于魏晋，是介于楷书和草书之间的一种字体。若说楷书是隶书的简化，那么行书便是楷书的简体写法。

到王羲之手中，他将行书的实用性和艺术性最完美地结合起来，其《兰亭序》被历代称为"天下第一行书"。

王羲之生性爱鹅。他在庐山养了不少的鹅，一则喜爱鹅的高洁，二则体察鹅的神态，以便练习如何运笔转腕，这可以说是一种习字的仿生学。相传山阴有个道士，早就想请王羲之给他写一部老子的《道德经》，但他知道王羲之绝不会轻易答应抄写，为投其所好，就特地养了一批品种精良的鹅。

一次，王羲之路过那道士的屋旁，只见河中有一群鹅正在悠闲地游来游去，实在让人喜爱。王羲之一见，简直入了迷，便要求道士把这群鹅卖给他。道士微笑说："既然先生如此喜爱，我就把这群鹅送给您！不过，我有一个要求，就

是请您替我写一卷《道德经》！"王羲之素来很珍惜自己的字，但这次并未推托，他高高兴兴地给道士写了一卷《道德经》，然后把鹅装进笼里欣然而去，竟忘记了告别主人。

王羲之为道观书写的《道德经》被后人称为《换鹅帖》，这可是仅次于《兰亭序》的大作。

"初唐四杰"都有谁

唐朝初年，文坛上出现了四位杰出的诗人，他们在文坛上起着新旧过渡的作用，并称为"初唐四杰"，你知道他们分别是谁吗？

初唐四杰，是初唐文学家王勃、杨炯、卢照邻、骆宾王的合称。

为大家所熟知的"海内存知己，天涯若比邻"两句诗就出自大名鼎鼎的初唐四杰的首领王勃之手，是其名作《杜少府之任蜀川》中的诗句。当时，他和好友分别，双方都恋恋不舍。此情此景，使得王勃吟出了这首诗歌。以此来告诉彼此："只要四海之内存在知心的朋友，即使远在天边，也像近邻一样。"

说起杨炯，就不能不说他的边塞诗。这位诗人一生最喜欢写边塞诗了，他每次看到那种征战戍边的场面都不禁心潮澎湃，诗兴大发。他写的边塞诗不胜枚举，其中《从军行》《出塞》《战城南》等较为有名。

再说卢照邻，他的诗以歌行体为最佳，也就是说这个人

非常擅长写长诗。他的代表作《长安古意》有五百多字，这在古今诗歌中，可以称得上"长"了。

四杰中，最后一个代表人物是骆宾王，他擅长七言歌行，《帝京篇》在当时被称为绝唱。此外，大家都听过的《在狱咏蝉》也是他的代表作。

其实，他们四个人在诗歌国度中，主要起的是过渡作用。就像我们文章中的过渡句，他们使得诗歌从宫廷走向社会，表现题材不再是"旧时王谢堂前燕"，而是已经"飞入寻常百姓家"。

唐代诗坛的双子星座

郭沫若曾经说过："李白和杜甫是像兄弟一样的好朋友。他们在中国文学史上的地位就跟天上的双子星座一样，永远并列着发出不灭的光辉。"李、杜二人在文坛上不相上下，但他们走的诗歌路线大相径庭。

这都是安史之乱"惹的祸"。李白的主要创作活动在安史之乱以前，杜甫的主要创作活动在安史之乱后。由于生活经历的不同，他们诗歌反映的生活内容也有区别。李白诗歌多表现盛唐景象，汪洋恣肆；而杜甫诗歌则注重反映家国之忧。他们诗歌的题材明显不同。李白写任侠、求仙学道，写祖国的壮丽山河，反映当时黑暗的政治。杜甫也写祖国的壮丽河山，也暴露黑暗政治，但更多的是描写贫富悬殊、战乱灾难、生民疾苦等，反映了当时广阔的社会生活面貌，因此

他的诗被人们称为"诗史"。

他们二人的创作方法，也是很不相同的。李白善用虚，杜甫善用实。李白常常带着强烈的主观色彩，它的诗歌感性化色彩较浓。而杜甫主要用的是写实方法，反映生活原貌。

此外，这两位诗人性格不同，写出来的诗风格也自然不一样。李白的诗天马行空，清雄奔放；杜甫的诗则沉郁顿挫，百转千回。

李贺被称为"鬼才"的原因

唐朝诗人灿若星云，有诗仙李白、诗圣杜甫、初唐四杰等，人们大多给他们一个很具有概括性的美称，但唯独诗人李贺，有一个奇诡的称号——"鬼才"，为什么会给他一个这么不入耳的称号呢？

李贺是中唐时期一名经历非常坎坷的青年诗人。他由于避父讳而不能参加科考。这样便堵住了他通向仕途的大道，因此，他一辈子身沉下僚，沉沦不得志，最终也是抑郁而死，他死的时候仅仅27岁。

晚唐诗人杜牧给李贺诗集写序，指出李贺的诗中多用荒坟野草、牛鬼蛇神等奇异意象，来表达他怨恨悲愁的情绪。像"鬼灯如漆点松花""鬼雨洒空草""鬼哭复何益"之类诗歌中大量出现鬼魂的形象用来寄托人的感情，在这点上，李贺是前无古人，后无来者。

因此，后人评价他的才华时，往往与诗中的"鬼"字联

系在一起，称他为"诗鬼"或"鬼才"。这下，你知道人们称他"鬼才"的原因了吧。

贾岛作诗擅"推敲"

唐朝诗人贾岛的那首《题李凝幽居》可谓是家喻户晓的佳作，其中的"鸟宿池边树，僧敲月下门"这两句更是脍炙人口。殊不知，贾岛为了这两句诗，可是"推敲"了很久呢。

有一年贾岛到长安赶考。一次，他外出归来，在返回客店的途中，闲来无事，就在驴背上吟诵起不久前写的两句诗。

他觉得其中一句"僧推月下门"的"推"字还不怎么贴切，想用一个"敲"字来代替，但考虑了很久，仍然决定不下。于是，他反复吟诵着，一会儿做推门的手势，一会儿做敲门的动作，街上的行人看了大为惊奇。

这时迎面来了长安府尹韩愈的车马队伍，路人都急忙向两边回避。只有贾岛仍然骑着毛驴走在路中央，出神地做着推敲的动作，根本没有发现车马队伍。

韩愈听说贾岛因作诗入迷，才冲撞了自己，当即转怒为喜。韩愈非常赞赏他认真严肃的创作态度，并建议把"推"字改为"敲"字。

韩愈说："从意境的角度看，山中夜晚，寺门紧闭，题目又写'幽居'；在那月光皎洁、夜深人静的环境中，忽然

听到几下'梆梆'的敲门声，以动衬静，就更显出寺院的深幽沉寂。而用'推'字就显不出这许多好处来。"

贾岛听了，觉得很有道理，于是决定用"敲"字。于是那两句很经典的"鸟宿池边树，僧敲月下门"便由此诞生了。

"苏门四学士"分别是谁

北宋的大文豪苏轼手下有四个才华横溢的得意弟子，他们被称为"苏门四学士"。你知道他们分别是谁吗？

这四个鼎鼎有名的才子便是黄庭坚、秦观、晁补之和张耒。

黄庭坚总是称自己是"山谷道人"，苏轼是他的老师，黄庭坚的诗文风格体例大多是跟苏轼学的。除了师法苏轼，他还学习杜甫写诗，并有"夺胎换骨""点石成金"之称。另外，他还是江西诗派的祖师爷。

秦观，号淮海居士。他的诗词中大多写男女情爱，也颇有感伤身世之作，他的词风与刘永的词风颇为相似，因此，大词人苏轼给了他一个称号——山抹微云秦学士。

至于"苏门四学士"的晁补之，由于牵涉当时的"党争"，而被多次贬谪，最终回到老家筑"归来园"，优哉游哉地过起了他的隐士生活。

"苏门四学士"的最后一位——张耒，他的诗歌受白居易、张籍影响，大多是一些反映社会矛盾的诗作。如果你看过白居易的诗，相信你也就了解张耒写诗的风格了。

"唐宋八大家"指的是哪几个作家

　　唐朝和宋朝，文坛上人才辈出。在诗词领域，有李白、杜甫、白居易、李清照、苏轼，等等。与此同时，在散文领域，有著名的唐宋八大家，他们对当时以及后世的文风产生了重大影响。你知道这"唐宋八大家"指的是哪几位作家吗？他们对后世又有怎样的影响呢？

　　唐宋八大家是唐代的韩愈、柳宗元，宋代的欧阳修、苏洵、苏轼、苏辙、曾巩、王安石八人的合称。

　　唐宋时期，中国的散文正处于承先启后的变革期。在它之前的秦汉散文，以其言之有物的厚实和语言艺术上的高度成功奠定了后世散文的基础。但魏晋南北朝时，散文则发展成过分追逐华丽的文风。这种华丽的文风甚至主宰了唐朝近百年的文坛。到唐代中期，韩愈、柳宗元力矫文坛之弊，提出"文以明道""不平则鸣"。经过他们的努力，散体文取代骈体而占据文坛主流。两宋散文沿着唐代散文的道路发展，但各方面的成就又超出了唐代。

　　欧阳修是这"八大家"中的头领。他不仅吸收了前人韩愈和柳宗元散文中的精华，而且还提出了一个主张，一直影响至今。在学校的作文课上，老师也肯定提过："写作文的时候，要和现实生活紧密结合，同时，又要写出自己的'个性'。"而苏轼、苏洵、王安石这群人，他们的作用虽然比不上韩愈，文章却也很有名气。

"江南第一风流才子"唐伯虎

人们观念里的唐伯虎是一个才华横溢、风流倜傥的江南才子。他向来有"江南第一风流才子"之称。但事实上，他是个"真才子"，但却"假风流"。

唐伯虎本名叫唐寅，字伯虎，号六如居士，又号桃花庵主，是我国明代杰出的画家、书法家、文学家。他从小饱览群书，16岁时秀才考试得第一名，轰动了整个苏州城。

但他一生充满坎坷。25岁时，家道中衰，父、母、妻等相继死去。唐寅29岁时，中解元（第一名），一时名震江南，但好景不长，遭遇科举舞弊案的牵连，被逮捕下狱。后虽被释放，但从此一蹶不振。36岁时，唐伯虎娶九娘为妻，生有一女，以卖字画为生。后来，沈九娘病死，女儿桃笙出嫁，唐伯虎曾经一度皈依佛门，号"六如居士"。他并不像传说中那样经常出没于柳街花巷，他其实是个很专一的人，在妻死女嫁之后，他一个人孤独地度过了一生，终年54岁。

关于唐伯虎"江南第一风流才子"之名的由来，有人认为，唐伯虎出于对自己才华的狂傲自负，确实刻了一枚"江南第一风流才子"的印章。这一枚闲章着意并不在"风流"二字，而是苦中作乐罢了。他的诗、书、画被称为三绝，称他"江南第一才子"，是名副其实的。

【外国部分】

古希腊悲剧之父——埃斯库罗斯

公元前4、5世纪的古希腊社会可是一派繁华的景象。人们在吃饱喝足、生活条件比较好的时候，自然会注重文化生活。当时的人们闲暇时喜欢看戏剧，古希腊早期的文学成就——古希腊悲剧就应运而生了。古希腊悲剧作家中最具有代表性的人物就是"悲剧之父"——埃斯库罗斯。

埃斯库罗斯于公元前525年出生于希腊阿提卡的埃琉西斯，青年时期在希皮阿斯的暴政下度过，参加过马拉松战役和萨拉米斯战役。他很早就喜欢戏剧和阿加索克利斯与阿波罗多的诗。传说狄俄尼索斯在梦中亲自向他传授诗的艺术。他经常写一些戏剧作品。公元前472年他回到雅典，在那里他的《波斯人》首次上演，这部剧为他赢得了诗人比赛的最高奖。之后，他便一发不可收拾地写起戏剧剧本来。他一生中一共赢得了13次雅典诗人比赛的最高奖。

埃斯库罗斯一辈子都在写悲剧，但他的死却令人哭笑不得：一个术士曾预言他会砸死在自己的书房里，埃斯库罗斯对此深信不疑。他害怕这样的结果，于是在旷野上露天而睡。但此时恰好一只鹰抓着一只乌龟从天空飞过，老鹰看见埃斯库罗斯光秃秃的头，以为是石头，就把那只乌龟丢在上

面，想用"石头"打碎乌龟壳……最终，希腊的"悲剧之父"埃斯库罗斯因为这样一件令人哭笑不得的事情，撒手人寰了。

这个"悲剧之父"不仅死得有些意外，并且不幸的是，他写过非常多的作品，留传到现在的却很少，仅有七本，如《乞援人》《波斯人》《七将攻忒拜》《被缚的普罗米修斯》等。

但丁：揭开中世纪黑暗的迷雾

在学历史的时候，聪明的你有没有发现这样一条规律：任何一个新时代的来临，都需要一个伟大的人物来开路。当欧洲黑暗的中世纪已经走到尽头时，一个英雄出现了。他就是但丁，这个光明的使者为人们开辟了一条走向文艺复兴的道路。

但丁是意大利的伟大诗人，也是现代意大利语的奠基者，更是欧洲文艺复兴时代的开拓者。但丁出生在意大利佛罗伦萨一个没落的贵族家庭，5岁时生母去世，父亲续弦，后母为他生了两个弟弟、一个妹妹。但父亲在他18岁那年，也离他而去了。所幸的是但丁从小受到过良好的教育，他学过拉丁文与古代文学，特别崇拜古罗马诗人维吉尔。与诗人身份不相称的是，但丁在很小的时候，就喜欢上了美丽的姑娘阿德丽采，并一直对她情有独钟。但她最终嫁给了一个银行家，并于不久后死去。为此，但丁为她写了大量的悼念

诗。阿德丽采逐渐成为但丁作品中一个理想的象征。

但丁由于参加城邦政治活动而被扣上了莫须有的罪名，因此被逐出佛罗伦萨，开始了他的放逐生活。这期间，他以写作排遣其乡愁，并将一生中的恩人仇人都写入他的名作《神曲》中，对教皇揶揄嘲笑，他将自己一生单相思的恋人——阿德丽采，安排到天堂的最高境界。

《神曲》问世以后，但丁的身价可是了不得。他一下子登上了人文主义的至尊宝座。这个伟大的人物凭借《神曲》这件"至宝"，一下子揭开中世纪黑暗的迷雾，给人们带来了一个光明的新世界。

上帝死后，莎士比亚决定一切

莎士比亚不愧是文艺复兴的"顶级接力手"，当先驱将文艺复兴的"接力棒"传到他手里时，他不负众望，鼓足勇气，全力以赴，"跑"到了文艺复兴预期的终点。

威廉·莎士比亚于1564年生于英国中部瓦维克郡埃文河畔的斯特拉特福。他的父亲曾经是做皮革及谷物生意的杂货商，后来被选为镇民政官，三年后被选为镇长。莎士比亚14岁时，父亲不幸破产，从此家道中衰。为了生活，莎士比亚辍学，帮父亲经商。在22岁时，他前往伦敦，在剧院工作。他做过多种卑贱的职业，但后来凭借聪明的头脑和出色的口才，成为剧院的演员和剧作家。27岁那年，他写了历史剧《亨利六世》，剧本上演后，很受观众欢迎，从此，他逐

渐在伦敦戏剧界站稳了脚跟。但真正使他名扬天下的，是他于1595年写成的《罗密欧与朱丽叶》。这个剧本为莎士比亚赢得了世界声誉，并且还彻底改变了他的生活，使他跨入富翁的行列。1601年，莎士比亚的好友为了政治改革而被送上绞刑架。莎士比亚为此事悲愤不已，他倾注全力写就了代表着文艺复兴时期文学最高成就的作品《哈姆雷特》，来表达对于爱恨、生死、理想、人生、社会等方面的哲学思考，凸显出文艺复兴的人文精神。

1616年，这个伟大的人物突然离开了这个世界。在他一生中，他一共给世人留下了三十七个剧本、一卷十四行诗和两部叙事长诗。他的作品有一种沉重的文化底蕴，处处闪耀着人文主义的光芒，因此，西方学者布鲁姆曾这样评议他："上帝死后，莎士比亚决定了一切！"

小说之父——笛福

你看过《鲁滨孙漂流记》吗？那可是一本相当有趣的小说。同时，它还是第一本把资产阶级冒险生涯写入文学作品的小说，它的作者便是英国的丹尼尔·笛福。

丹尼尔·笛福生于英国伦敦，父亲詹姆斯·笛福从事屠宰业，双亲都不信仰英国国教，笛福从小就在长老会办的学校里接受教育。笛福从学校毕业后，曾经从商，但是遭到失败，最后破产。随后他为了谋生，干过各种工作，如政府的情报人员等，同时从事写作。

笛福所写的作品主要体现资本主义者通过个人努力，靠自己的智慧和勇敢战胜困难。同时，他的作品往往采用自述方式，可读性强。他的代表作《鲁滨孙漂流记》主要讲述一个在海难中逃生的水手在一个荒岛上通过自己的智慧与勇气努力生存，战胜险境，终于获救回到英国的故事。这部小说一经出版，大受欢迎。

在资本主义上升时期，资产阶级看中了这个小说的主人公，并认为他是当时理想的英雄人物。而鲁滨孙的创造者——丹尼尔·笛福也因此而走红，还赢得了"小说之父"的美名。

"超群的小说家"巴尔扎克

法国是一个极其浪漫、美丽的国度，法国的普罗旺斯有大片大片梦幻般的薰衣草海洋，有美味的葡萄酒和珍馐松露，有引领世界时尚前沿的时装，有闻名世界的埃菲尔铁塔……想了解法国，有一种最简单的方法，那就是去看"法国社会的百科全书"——《人间喜剧》。它的作者就是举世闻名的巴尔扎克。

巴尔扎克出生于一个在法国大革命时期暴富的家庭，他在巴黎大学法律系毕业后，没有去做律师，而是立志当文学家。为了获得从事创作的物质保障，他曾涉足出版印刷业，但以破产告终。艰难的人生经历为他认识社会、描写社会提供了极为珍贵的第一手材料。在写作的道路上，他不断追求

和探索，对各个学科和各个领域进行了深入研究，从而拥有了广博的学识。

巴尔扎克在30岁时，完成了一部取材于现实生活的长篇小说《舒昂党人》，这部作品为他带来了巨大声誉，接着，巴尔扎克将《舒昂党人》和计划要写的一百四五十部小说总命名为《人间喜剧》，并为之写了《前言》，阐述了他的现实主义创作方法和基本原则，这一点为法国批判现实主义文学奠定了理论基础。

巴尔扎克一旦开始文学创作，便会沉浸其中，不能自拔。即使在生命最垂危的时刻，他仍然在坚持创作。

现在，巴尔扎克的作品传遍了全世界，并推动了世界文学的发展。马克思、恩格斯称赞他是"超群的小说家""现实主义大师"。

雨果：享受"国葬"待遇的伟大作家

在你看《三国演义》的同时，没准哪个法国人正在看《悲惨世界》。这本书对法国人而言，就像中国人对《三国演义》那样熟识。但它的作者可比《三国演义》的作者要有名气多了，他便是维克多·雨果。在这个伟大的人物逝世时，法国政府还为他举行了有史以来最隆重的"国葬"。

维克多·雨果出生于法国东部的贝桑松，并在那里度过了他美好的童年时代。雨果的一生几乎跨越了整个19世纪，他从事文学创作的年代是法国资产阶级大革命后复辟与

反复辟势力较量的年代。雨果小时候，由于受父母的影响，成为保皇主义的忠实信徒。成年后，由于法国自由主义思潮高涨，雨果的思想也发生了重大转折，他的立场转为自由主义，并成为当时社会变革的积极参与者。

在此期间，雨果也开始了他的文学创作生涯。他先后创作了剧本《〈克伦威尔〉宣言》、小说《巴黎圣母院》《悲惨世界》《笑面人》《九三年》《海上劳工》等一系列作品。特别是1831年发表的小说《巴黎圣母院》和1862年发表的小说《悲惨世界》，它们就如同两个守护天使，来守护雨果，并维护他在文坛上的不朽地位。

欧洲的良心——罗曼·罗兰

法国有个著名的作家，被人们称为"欧洲的良心"。顾名思义，这个作家很有良心，并且他是凭着良心为人们写作的大作家。他是谁呢？他就是大名鼎鼎的罗曼·罗兰。

咱们先从他的身世说起。1866年，他出生于法国中部的克拉姆小镇，父亲是公证人，母亲是个天主教徒。罗曼·罗兰在16岁那年，考上了著名的巴黎高师。在这里，他在人文科学上的天赋和对音乐的热爱充分展现出来，这时候他一直想写一个艺术家的故事，但真正动笔是距此十年后的事了。

1912年，罗曼·罗兰的关于一个艺术家的长篇巨著——《约翰·克利斯朵夫》终于横空出世。这部伟大的作品使他在1915年获得了诺贝尔文学奖。

在罗曼·罗兰成名之时，第一次世界大战爆发了，当时他住在瑞士。面对人类荒谬的自相残杀，他愤怒不已，公开发表反对战争、主张和平的人道主义言论。结果可想而知，他成了法国报纸咒骂的中心，成了法国人攻击的对象。幸亏他当时住在瑞士，否则也许会遭到飞来横祸。

二战期间，他住在沦陷的法国。在纳粹德国士兵疯狂的包围下，他毫不畏惧，仍然坚持写作，表达他的反战立场。

说起他的作品，那可就多了，除了最具有代表性的《约翰·克利斯朵夫》，还有《狼群》《战斗之上》《格莱昂波》《皮埃尔和吕丝》《母与子》等。他的作品都是凭着一颗良心来写当时社会真实情况的。那些作品都是他在"硝烟和战火"中，不顾个人安危，勇敢地站在正义的一面，向人们宣扬仁爱、善良、正义等美德的体现。也正是如此，欧洲人亲切地称他为"欧洲的良心"。

俄国批判现实主义作家列夫·托尔斯泰

在俄罗斯的一个叫作雅斯纳雅·波良纳的田庄里，有肥沃的黑土、嫩绿的小草、盛开的鲜花、笔直的白桦……来到这里的人，对这所园子的一草一木都心生敬畏，这是什么原因呢？

因为这是世界著名的文学家列夫·托尔斯泰生活的地方。他于1828年出生在这个庄园，并在这里度过了愉快的童年时光。他在16岁时进入喀山大学，1851年参军去高加索，

1852年在《现代人》杂志上发表处女作《童年》。1855年至1863年间他写了一系列短篇小说，把注意力集中在道德问题上。1862年结婚，在婚后的十五年中，他创作了两部伟大的杰作：《战争与和平》和《安娜·卡列尼娜》。

说起《战争与和平》，这是托尔斯泰花了七年时间写就的一部作品。这本书不仅厚重，而且相当深刻，它远远地把托尔斯泰以前的作品甩在了身后，成为他最引以为傲的一部作品。《安娜·卡列尼娜》在叙事方法和风格上与《战争与和平》相似，但它的格调比较灰暗忧伤，可以算得上"一对孪生兄妹"。

按照中国孔子的说法，人到六七十岁就不要再有什么追求和欲望了，安享晚年就行了。可是托尔斯泰即使到了晚年，仍然致力于他的"平民化"理想，坚持自己耕田种地，放弃了所有的财产和地位。在此期间，他写了最后一部长篇小说《复活》，小说中有许多优秀的篇章，很多片段充满诗情画意，引人入胜。

1910年10月，日益恶化的家庭关系使得托尔斯泰忍无可忍，离家出走。同年11月7日（阳历11月20日），他因患肺炎在偏僻的阿斯塔堡车站去世。

泰戈尔：首获诺贝尔奖的印度诗人

你在读诗歌的时候，肯定发现过这样一种奇怪的现象：几乎所有的诗人都具有相同的特质——善感、纯真、浪漫。

如果把他们称为"人类的儿童"，那么泰戈尔则是"孩子中的天使"。

可不要小瞧了这个"孩子中的天使"，他可是印度伟大的诗人、文学家、哲学家和民族主义者，同时也是印度第一个获得诺贝尔奖的诗人。

泰戈尔出生于印度加尔各答的一个贵族家庭，他是家里最小的儿子。他的父亲是一位哲学家和宗教改革家，他的大哥是诗人，五哥是音乐家，姐姐是女作家，他的朋友大多也是了不起的人物。在这样的环境下长大的泰戈尔受到的教育远非一般人所比。因此，他在很小的时候，便会写诗了。

他一生创作了大量的作品，大约有50部诗集，12部中、长篇小说，100多篇短篇小说，20多个剧本。此外，还有大量的音乐、哲学等方面的著作。在他的众多作品中，最著名的是他的诗歌。在泰戈尔的诗歌中，多是对爱、自然、生命、快乐、祥和等美好事情的讴歌。他的诗风敏锐、清新、细腻与优美，向我们展示了一个"孩子"眼中的美丽世界。

"童话大王"安徒生

你可能不知道丹麦国王的名字，不知道丹麦的具体位置，不知道丹麦的美食，但你肯定知道丹麦有个童话大王——安徒生。

　　我们钟爱的大师级人物安徒生，生活于19世纪的丹麦。他早年生活贫寒，曾在慈善学校读过书，当过学徒工。他自幼酷爱听故事，也喜欢自编故事。为追求艺术，他14岁时，孤身一人来到首都哥本哈根。经过八年的艰苦创作，终于在诗剧《阿尔芙索尔》中崭露才华。为此，他被皇家艺术剧院送进斯拉格尔塞文法学校免费就读。

　　安徒生真正的文学生涯始于1822年，早期他主要写一些剧本。进入大学后，他的创作日趋成熟，曾发表过多部作品。1833年长篇小说《即兴诗人》出版，为他赢得了国际声誉。"为了争取未来的一代"，安徒生开始为孩子们写童话，并很快写成了一本《讲给孩子们听的故事》。此后数年，安徒生每年圣诞节都会有一本童话出版，直到1872年因患癌症才逐渐搁笔。可怜的安徒生一辈子都没有找到他的"公主"，他在自己的童话世界里走完了一生。

　　安徒生的童话代表作有《打火匣》《拇指姑娘》《海的女儿》《丑小鸭》《卖火柴的小女孩》《白雪皇后》《幸运的贝儿》等。

　　每每读到他的童话，很多孩子都会被书中主人公善良、友爱的美好品质所深深打动，甚至有时还会掉泪。

英国诗坛的三颗巨星

　　18世纪和19世纪之交，在英国诗坛上有三颗耀眼的"巨星"，他们都是英年早逝，但却在短短的一生中，为后世留

下了灿烂的诗篇。你知道这三位诗人是谁吗？

他们便是追求唯美的济慈、自由不羁的雪莱和孤傲叛逆的拜伦。

先说约翰·济慈吧。他自幼生活贫困，但却喜爱文学。他在短促的一生中留下了多部名篇，如《蝈蝈与蛐蛐》《夜莺颂》《希腊古瓮颂》《忧郁颂》等。他是一个天才，你在欣赏他的诗的时候，就如同在看一幅唯美的油画，其中，不仅有引人入胜的美景，还有一种气息，那就是对自由和理想的热烈追求。

再说雪莱，他的身世比济慈稍好些。他20岁入牛津大学，但因思想太激进，反对宗教而被开除。投身社会后，雪莱又写过大量的革命诗歌。他的代表作有《暴政的行列》《自由颂》《西风颂》《解放了的普罗米修斯》等。其作品热情而富有哲理思辨，诗风自由不羁，天马行空，体现了诗人对创造一个自由幸福的新世界的无限向往。

最后，我们来说拜伦。拜伦是他们三个中家境最好的，也是一个具有浓郁浪漫气息的诗人。他出生于英国的一个破落的贵族家庭。20岁时，他先后去许多国家游历。在旅行中他大开眼界，并深深地被那些敢于反抗专制、追求民主自由的民族所感动。他在旅途中写下的长诗《恰尔德·哈罗尔德游记》使整个欧洲的诗坛都为之沸腾。

英国文坛三姐妹

在中外文坛上，曾出现过苏洵、苏轼、苏辙这样的父子词人，也曾出现过大仲马和小仲马这样的父子作家，还出现过白朗宁和白朗宁夫人这样的夫妻诗人，但是一家三姐妹同时登上文坛，留下名作，还真是一件罕见的事儿。

英国文坛上就有姐妹三文豪，即夏洛蒂·勃朗特、艾米丽·勃朗特和安妮·勃朗特。勃朗特三姐妹生长于一个穷牧师家庭，这个家庭一向离群索居，她们三姐妹在父亲的影响下，常常以读书和写作来打发寂寞的时光。生活的拮据，使她们不得不以教书、做家庭老师和写书来补贴家用。然而，当时她们写的书只有《简·爱》的反响比较好，《呼啸山庄》和《艾格尼丝格雷》则一度被人们忽视。

后来，人们才逐渐发现了这三部书的价值：夏洛蒂·勃朗特的《简·爱》中那个倔强、独立的家庭女教师简·爱，成为女权主义的最强音；艾米丽·勃朗特的《呼啸山庄》中那种对极端爱情和人格的描写充满了人文主义的气息；安妮·勃朗特的《阿格尼丝·格雷》中让人印象深刻的寂寞情绪令人回味无穷。其实，这三部书中最适合我们阅读的就是《简·爱》，那些自卑、胆小的孩子们不妨好好读读这本书。

这三本书出名以后，它们的作者也随之名扬天下。但

不幸的是，只有夏洛蒂·勃朗特享受到了这种殊荣，其余两位姐妹没有等书出名，便急匆匆离开了这个世界。她们三姐妹在文学上取得的成就，恐怕是现在许多男作家都望尘莫及的。

第三章

品茗中外经典的神韵

【中国部分】

《诗经》：最早的诗歌总集

　　《诗经》也称为"诗"或"诗三百"。它是我国最早的一部诗歌总集，总共收录了从西周初年到春秋中叶约五百年间的三百零五首诗。《诗经》以四言诗为主，采用"赋、比、兴"手法。据说当时《诗经》中的诗，都是能够配乐歌唱的歌词，按所配乐曲的性质，可以分成风、雅、颂三类。

　　"风"即不同地区的音乐。"风"共一百六十篇，主要包括周南、召南、邶风、卫风、王风、魏风、秦风、豳风等，也称为十五国风，大部分是黄河流域的民歌。

　　"雅"即周王朝直辖地区的音乐。"雅"包括小雅和大雅，共一百零五篇。除《小雅》中有少量民歌外，大部分是贵族文人的作品。

　　"颂"即宗庙祭祀时歌功颂德的舞曲歌辞。《颂》诗又分为《周颂》三十一篇、《鲁颂》四篇、《商颂》五篇，共四十篇，全部都是贵族文人的作品。

　　《诗经》中的内容相当丰富，它几乎涵盖当时社会的方方面面。它如同周朝的一面镜子，从中我们窥见了早已消逝的周朝，清楚地看见了贵人的奢靡、贫民与奴隶生活的艰辛，还有美丽的爱情、残酷的征战、盛大的祭祀活动……

《楚辞》：古典诗歌浪漫主义滥觞

两千多年以前，伟大的爱国诗人屈原被流放于远离郢都的地方，他眷顾楚国，心系怀王，每次心烦意乱时，便吟诗发泄心中的愤懑。那一首首哀婉的诗歌无不是他忧国忧民的心声。后人把他吟出的诗与后人模仿的诗合集成了一本书——《楚辞》。

如果说《诗经》开创了中国古典诗歌现实主义的先河，那么《楚辞》则是中国古典诗歌浪漫主义的滥觞。

"楚辞"本来是泛指楚地的民歌，后来专指战国时以屈原为代表的诗人创作的新诗体。这种诗体经屈原发扬光大，其后又由宋玉等人继续创作。西汉末年，刘向辑录选编屈原、宋玉等人的作品，定书名为《楚辞》。

《楚辞》中的大部分作品是屈原在民间文学的基础上，加以再创作而形成的。《楚辞》中大量引用楚地方言词汇，富有浓厚的地方色彩，篇章宏阔，句式参差错落，感情奔放，文采华美，想象力极其丰富，充满了浪漫主义的色彩。

《孔雀东南飞》：凄美的爱情故事

《孔雀东南飞》与《木兰诗》并称为"乐府双璧"。它不仅仅是一首长诗，而且还是一个美丽凄婉的爱情故事。

　　《孔雀东南飞》叙述的是一对男女爱情与婚姻的悲剧。这场悲剧故事发生在汉末建安年间。女主人公刘兰芝是一个善良、美丽、聪明而又勤劳的女性，她同庐江府小吏焦仲卿结婚后，夫妻之间感情真挚、融洽。但即使如此，焦仲卿的母亲却始终对她不满意，并且还逼着自己的儿子将她休掉。焦仲卿迫于母命，婉言劝说刘兰芝暂时先回娘家，并且在送她走时立下誓言，自己永远不会辜负她。但没料到刘兰芝回到娘家后，她那趋炎附势的哥哥逼她改嫁太守。焦仲卿听到这个消息后赶过来，重申盟誓，两人约定"黄泉下相见"，决心以殉情来反抗现实对爱情和婚姻的压迫。就在太守迎亲的那天，刘兰芝毅然"举身赴清池"，焦仲卿得知兰芝死讯，也"自挂东南枝"，最终夫妻二人双双殉情而死。

　　焦仲卿与刘兰芝的婚姻悲剧，不仅仅是个人悲剧，更是对当时封建礼教、家长统治的控诉与反抗。

志人小说《世说新语》

　　所谓的"志人小说"，通俗地讲，就是描写历史人物趣闻趣事的小说。和那些幽默小故事书比较相似。这种书因为极具消遣性，历来颇受人们喜爱。志人小说中最有名的要数南北朝刘宋时期刘义庆组织文人编写的《世说新语》。

　　《世说新语》依内容分为德行、言语、政事、文学等三十六门，每门有若干则，全书共一千多则。篇幅长短不一，有的数行即尽，也有的三言两语。书中主要记述自汉末到刘宋时名士贵族的趣事逸闻。本书通过这些故事形象地反映了当时的社会风貌，尤其是士族阶层的生活状况、文化习尚乃至他们的精神世界。不仅如此，该书还保存了刘宋时期社会、思想、文学等方面的史料，价值很高。

《水浒传》——"中国的圣经"

明代有《水浒传》《西游记》《三国演义》《金瓶梅》这四大奇书。在这四部书中，有一本被法国人誉为"中国的圣经"，它便是元末明初施耐庵所创作的《水浒传》。

在中国历史上，《水浒传》是第一部反映农民起义的长篇小说。它围绕"官逼民反"这个总的主题展开故事，共记有梁山好汉一百零八人，每个人物故事相对独立，而又环环相扣，语言具有强烈的口语化特征，极富表现力。小说情节跌宕起伏，引人入胜，因此人们有"少不看《水浒》，老不读《三国》"的俗语，并不是说这两部书不好，而是说它们的感染力太强了，甚至使人不由自主地沉浸其中，去模仿书中那些英雄人物的言行，在情感上，受到他们潜移默化的影响。

《水浒传》塑造了一系列英雄人物。作者把这些好汉放在那个特定的时代，根据其身份、经历和遭遇来刻画他们的胆量、武艺、胸怀、气概、精神、性格，同时，在突出他们英雄的共性的同时，也没有忘记把他们的那些个性写出来。

《水浒传》在思想上的深刻之处还在于它揭示了官逼民反的黑暗现实，写出了起义英雄强烈的抗争精神和大无畏精神，写出了这场起义从单打独斗到联合起来发展壮大的过程，也揭示了自古以来农民起义的局限性。

第一部章回体长篇小说《三国演义》

有这样一部书，它能把我们带到三国时代的古战场，让我们目睹一幕幕悲壮的战争场面，亲历诸葛亮、刘备、关羽、曹操、孙权等英雄的一生悲欢，倾听历史大江滚滚东去……这部书就是《三国演义》。

《三国演义》是中国文学史上第一部章回体长篇小说，也是中国小说史上第一部成熟的、具有典范意义的历史演义小说。它艺术地再现了从东汉末年到西晋统一的历史进程。

东汉末年，爆发黄巾起义，在镇压起义的过程中涌现出一批豪强，他们彼此为了重新划分利益范围而争战不息。经过连年争夺，形成了三股强大的势力：北方的曹操"挟天子以令诸侯"，先后歼灭袁术、袁绍等势力，统一了黄河流域；刘备得诸葛亮出山辅佐，以"帝室之胄""光复汉室"为旗号，经过"赤壁之战"，迫使曹操北还，从而占据四川全境；江东孙氏自孙坚开始，就以江东为根据地站稳了脚跟，直至孙权，实力日益增强。此后，这三个国家之间开始了争夺战。最终司马炎篡位，建立西晋，继而一统天下。

《三国演义》为我们演出了一幕分久必合、合久必分的历史长剧。它秉承了民间"拥刘贬曹"的思想倾向，以蜀汉为全书中心，以蜀汉和曹魏的兴衰为主线。作者把刘备塑造

为圣君的典范、仁政的化身，而把曹操塑造成奸雄的典型、残暴的化身。这种思想倾向在一定程度上反映了当时汉民族对元代民族压迫的抵抗情绪和对历史上汉族政权的向往之情。除了刘备与曹操，《三国演义》还着力塑造了诸葛亮、关羽、张飞等人物。其中，以诸葛亮着墨最多，把他塑造成贤相的典范、智慧的化身。

《三国演义》在艺术构思上实际上是"三分史实，七分虚构"，但书中提到的大量的战略战术、权利争斗、智慧哲理，在今天对人们的生活仍有着不可小觑的影响。

反映现实的神话小说《西游记》

唐朝高僧玄奘如果知道后人吴承恩将他写入了《西游记》，并且还给他安置了三个神通广大的徒弟，肯定会含笑九泉的。

明代著名小说家吴承恩自幼聪慧过人，早年仕途却颇不得意。晚年时，他绝意仕途，将平生除暴安良、济世匡时的理想寄托在写书上，创作出了神魔小说《西游记》。

《西游记》取材于唐代和尚玄奘到印度取经的真实故事。关于这一点，唐人慧立在《大唐大慈恩寺三藏法师传》中记载了这一历史事实。后经民间艺人加工，玄奘已经有了孙行者的帮助，并且孙行者成为中心人物。金元之间《西游记》题材的戏剧作品中也已有了孙悟空、猪八戒、沙和尚的情节。可以说，《西游记》是吴承恩在前人的基础上，加以丰富独特的想象力写就的。

《西游记》所创造的神话世界令人拍案叫绝。小说中，天庭地府、龙宫魔洞、仙佛斗法、神魔征战……想象丰富，情节新奇有趣。

悟空是从得天地之灵气、日月之精华的石头里生出来的，后得到菩提祖师指授，得名孙悟空，学得七十二般变化和十万八千里筋斗云。这只不知天高地厚的猴子大闹天宫，被如来降伏，压在五行山下。

五百年后，唐三藏西行取经，途经五行山，救出孙悟空，赐号"行者"。悟空与唐僧一起西行，其间唐僧又收了两个徒弟，白龙化作了他的坐骑。取经路上，师徒四人历尽艰辛，战胜了各种各样的妖魔鬼怪，来到灵山，完成九九八十一难后，终于取得真经，回到长安。

《西游记》中的这些神话故事深蕴着现实社会的生活内容，作者借人与妖怪之间的矛盾来映射现实中的社会矛盾，表达了人民群众反抗专制压迫、战胜邪恶的强烈愿望。

此外，吴承恩在《西游记》中成功地塑造了一个藐视皇权、神通广大、勇往直前的英雄形象——孙悟空，这是一个古往今来家喻户晓、人人喜爱的艺术典型。

百科全书式的小说《红楼梦》

世间有一部绝世经典，书中几乎每一卷都是一幅唯美的诗画。比如，宝玉游仙境、黛玉葬花、宝钗扑蝶、晴雯病补

雀金裘、刘姥姥游大观园……说到这里，你一定猜出这本书的书名了。是的，它就是曹雪芹的《红楼梦》。

《红楼梦》原名《石头记》，曹雪芹生前即有80回手抄本在民间广为流传。现在通行的《红楼梦》有120回，其中，后40回由高鹗续作而成。《红楼梦》是中国小说史上一部旷世杰作，它代表了古代小说的最高成就。

《红楼梦》是一部百科全书式的小说。它以一个贵族家庭为中心展开家庭成员生活的方方面面。社会各个阶层，皇亲国戚、贵官阁僚、丫鬟小厮、贩夫走卒，无不得到生动的描画。它对贵族生活的饮食起居等一些细节也都进行了详尽的描写，从中可以看出作者在烹饪、医药、琴棋书画、诗词曲艺等方面丰富的知识和出色的才华。

作者曹雪芹在人物塑造上别具匠心，书中出场人物超过七百人，其中不少形象如贾宝玉、林黛玉、贾宝钗、王熙凤、贾政、贾雨村、刘姥姥等，已经深入人心，成为艺术典型。此外，书中还有大量精妙绝伦的诗、词、曲、赋，显示了作者深厚的古典文化修养。

《红楼梦》对后世的影响是不可估量的，它的文学与艺术价值也是说不尽的。并且，随着对《红楼梦》的不断研究，还形成了一门专门的学问——"红学"。

狐鬼妖魅的世界——《聊斋志异》

《聊斋志异》为清代文学家蒲松龄所作。这部小说多以狐鬼妖魅为题材，作者赋予这些妖怪以人类的思想、相貌、情感，借此来讽刺当时社会上的黑暗和不公平。

　　《聊斋志异》中的短篇小说约有五百篇，大致有四类，第一类：揭露当时劳动人民生活的水深火热。如《公孙九娘》《鬼隶》《鸮鸟》《梦狼》等，其实作者是通过鬼的遭遇，来告诉人们现实生活中官吏贪赃枉法、滥杀无辜的罪行。第二类：抨击封建科举制度的黑暗内幕和种种弊端。如《三生》《司文郎》《王子安》等，揭露了主考官的虚伪、贪婪、愚蠢等，或批判科举制对万千学子的毒害，使他们丧失人性。第三类：歌颂爱情与婚姻的自主。如《连城》中青年男女主人公不满封建婚姻制度，双双殉情，二人在阴间相会，结为夫妻，后复活，几经波折，终成眷属。第四类：通过谈鬼说狐来向世人传达人生哲理。如《画皮》通过写王生被美色所迷惑，生出种种事端，最终告诫人们不要被某些心如蛇蝎、貌似善良的人所迷惑。

　　此外，蒲松龄的《聊斋志异》在塑造人物形象方面，也有很高的造诣。虽然近500篇都是短篇文言小说，但对人物的刻画无不入木三分。如公孙九娘的委婉多情，婴宁的开朗纯真，酷吏的残暴愚蠢，等等，各种各样的人物跃然纸上，栩栩如生。

描写百姓杂碎事的 "世情小说"

　　明代时，人们为了打发空闲时间，争相去看一些短篇白话小说。那时候人们迷恋小说的程度与现在孩子们喜欢动画片的程度颇为相似。当时，最为人们所津津乐道的要算"三言二拍"了。

"三言二拍"是明代五本小说集的合称。"三言"即冯梦龙的《喻世明言》《警世通言》《醒世恒言》；"二拍"即凌蒙初的《初刻拍案惊奇》和《二刻拍案惊奇》。

"三言二拍"总共收录一百九十八篇小说。宋元话本约为全书的三分之一，其余为明代话本和文人的拟作，都是经过冯梦龙和凌蒙初整理、润色后编入的，整部书时代气息相当浓厚。

"三言二拍"里的作品都以明代的城市生活与商业活动为主要背景，以市井细民为主要角色，主要描写他们日常生活的一些事情，比如家庭变故、爱情悲喜、恩怨纠葛等，因此被称为"世情小说"。作品通过对这些市井百姓"杂碎事"的描绘，来反映他们的价值取向，表现他们生活的喜怒哀乐。如《卖油郎独占花魁》着力表现了卖油郎对爱情和美好婚姻的热烈追求，在他身上体现出真诚、善良的人性之美。

《儒林外史》：清代讽刺小说的扛鼎之作

在古代，人们改变自身命运的道路很少，除了科考，几乎再没有别的路可走。因此在那个时代，人们崇尚"学而优则仕"，但正是这个原因使科举场上出现了一些令人啼笑皆非的"怪人"。吴敬梓在屡次落第后，突然发现了周围的这些"怪人"，于是他来了灵感，大笔一挥，铸就了一部《儒林外史》。

《儒林外史》这部小说以冷峻犀利的笔触、白描写实的手法和流畅诙谐的白话语言，描述了一个个头戴方巾、口诵圣贤之书的儒生的故事。作者在塑造人物形象的时候非常注重结合现实因素，人物性格不是一成不变的，而是随着社会因素不断发生变化的。如范进、荀玫因为地位发生了变化而性格前后不同，匡超人由一个朴实的青年变为寡廉鲜耻的假文人等，这些都充分暴露了科举制度对于人性的戕害。作者通过细致入微的细节描写将人物刻画得入木三分。如严监生临死见灯盏里点了两根灯草，伸着两根指头迟迟不肯咽气，刻画出一个活生生的吝啬鬼形象。

《儒林外史》称得上是整个清代讽刺小说的扛鼎之作。它不仅奠定了我国古典讽刺小说的基础，还开创了近世谴责小说的先河。

现代《红楼梦》——《家》《春》《秋》

巴金的长篇小说《家》《春》《秋》合称为《激流三部曲》。但也有人说《家》《春》《秋》是一部现代的《红楼梦》，这是什么原因呢？

《激流三部曲》和《红楼梦》一样，都是描写了一个大家族的生活，揭示了它最终因民主革命的胜利而崩溃的历史必然性。像觉慧这样受到民主思想洗礼的高家少爷，痛苦地感到"家"是一个"狭小的笼"，"是埋葬青年人青春和幸福的坟墓"。他不喜欢高老太爷安排的生活，也不愿像大哥那样成为家族的牺牲品，他要做自己的主人。因而他敢于违背高老太爷的旨意，积极参加进步的社会活动，编刊物、写文章，无情地抨击封建礼教和制度，宣扬民主思想。觉慧最终走出封建家庭，勇敢地奔赴光明的道路。

这些与《红楼梦》中的贾宝玉的经历颇有异曲同工之处，并且作品宣扬的思想也与《红楼梦》的思想基调极为相似。

《女神》张扬"五四精神"

古希腊是一个盛产女神的国度，如智慧女神雅典娜、天后赫拉、爱神阿佛洛狄忒、不和之神厄里斯等；我国也有众多的女神，如造人的女娲、月亮上的嫦娥、七仙女，还有王母娘娘等。这些女神都是众人皆知的，但是你未必知道郭沫若的《女神》。

《女神》是郭沫若创作的一部抒写自由与社会主义理想的诗歌集。它集中而强烈地表现了冲破封建枷锁、扫荡旧世界的"五四精神"，是鲁迅所张扬的"摩罗诗力"的具体展现。

《女神》在结构上分为三辑，每一辑又包含三部分。第一辑包括《女神之再生》《湘累》《棠棣之花》这三部诗剧，侧重于揭露旧中国的腐朽、黑暗。第二辑最为重要，郭沫若许多最有代表性的诗篇，几乎都集中在此。如《凤凰涅槃》，便是他诗歌的代表作，这首长诗用凤凰五百岁后自焚，在火中永生的神话，来象征古老的中国；如《天狗》，用传说中吞食日月的天狗形象，来表达要彻底摧毁旧世界，创造新世界的思想，也包含诗人要求自我新生的精神。第三辑所收诗篇，内容上较为驳杂，主要侧重抨击当时黑暗的社会现实。

《女神》中充满了反帝反封建的强烈要求和创造新社会的炽热激情。在这些无羁的诗作中，人的自我价值第一次得到了肯定，人的创造力第一次得到了承认，人的本性第一次得到了张扬，它显示了长期习惯于在封建意识形态下沉睡的中华民族已经获得了伟大的苏醒，它表达了个性解放、民族解放的历史要求，传达出"五四精神"的最强音。

《女神》在诗歌形式上不同于以往旧诗体，它更加自由灵活。每首诗的节数、每节的行数、每一行的字数都不固定，押韵也没有统一的规律。但在每一首诗中，情绪自然涨落的内在韵律与某种程度的外在韵律相结合，使得诗歌在自由变动中又不失整齐、和谐。

忧国忧民的《呐喊》和《彷徨》

在20世纪初那样一个黑暗的时代，我们的国家和我们的祖辈正遭受着外国列强无情的迫害，他们生活得苦极了，有很多人饿死、病死，甚至累死。伟大的文学家鲁迅是不能忍

受这种状况的，于是他写了《呐喊》和《彷徨》，借此来唤醒我们国家千千万万沉睡的人们，使大家站起来反抗。

《呐喊》和《彷徨》开掘了"封建社会吃人"的主题，此外，还深刻地揭露和批判了国民性格中固有的劣根性，力求唤起民众的觉醒和反抗。如《狂人日记》采用第一人称日记体的叙述方式，通过主人公的妄想，讲述了一个"迫害狂"的遭遇和心理，显示了对"吃人"的封建礼教的反抗。《阿Q正传》讲述了辛亥革命前后中国南方农村小镇未庄的社会生活状况，表现了人们思想的劣根性。《孔乙己》通过描写一个穷困潦倒而又自命清高的封建文人的经历，斥责了封建礼教的吃人本质。《药》写的是革命者夏瑜英勇斗争，最后献出了生命。然而，他的牺牲却得不到民众的理解，烈士的鲜血竟成了华小栓买来治痨病的药，反映了民众根深蒂固的奴性心理。《在酒楼上》写吕纬甫曾经一心想改良社会，让人们过上新的生活，但是在封建传统的强大压力下，不得不无奈地屈服。

在这些典型人物的遭遇中，我们足见鲁迅先生忧国忧民的思想和对国民劣根性的思考与批判。

京味小说《骆驼祥子》

被称为"人民艺术家"的老舍是纯正的老北京人，他不仅说话是一口京腔，就连写的作品也都洋溢着一股浓浓的京味。不信，就带你到他的作品《骆驼祥子》里瞧一瞧。

　　这部小说围绕从乡下到城市谋生的破产农民祥子的一生展开叙述，情节曲折，语言流畅，真实地反映了旧中国城市贫民的悲剧命运。

　　祥子从乡下到城市谋生，他年轻力壮，勤劳能干，租了车厂的车开始做人力车夫。祥子这辈子最大的梦想就是凭自己的努力攒钱买一辆车，从此过上安稳的生活。三年一晃就过去了，他经过艰苦努力，终于买了一辆新车，但不久就在军阀混战中连人带车被匪兵抢走。祥子乘黑逃走，半路捡了几匹骆驼，卖了三十块钱，打算积攒起来买第二辆车。但好景不长，钱又被孙侦探抢走，祥子欲哭无泪。车厂老板刘四爷的女儿虎妞喜欢祥子，并威胁祥子和她结婚，婚后又用她的钱买了一辆车。为了生活，祥子拼命拉车、干活。然而，后来虎妞因难产而死，祥子为筹办丧事不得不卖掉了车。

　　生活中接二连三的打击使祥子逐渐放弃了曾经的想法，他逐渐开始消沉，抽烟、喝酒、赌钱……开始了麻木地混日子的生活。他出去拉包月，在夏太太家染上了淋病；接着，他喜爱的小福子被卖进了妓院，最终不堪其辱而自杀身亡。祥子对于未来完全失去了信念，最终完全堕落。

　　祥子的个人奋斗的悲剧，说明了在那样一个黑暗的社会，个人的努力奋斗终究会毁灭于社会高压之下。此外，老舍通过分析祥子精神毁灭的过程，进一步表达了对于病态的城市文明给人性带来的灾难的忧虑。

【外国部分】

人类古代文明的奇葩——《荷马史诗》

　　在遥远的古希腊，有一位叫作荷马的老诗人，他已经双目失明，但这并不影响他丰富的想象力。他最喜欢给人们讲故事，人们常常听的入了神，忘记了一天的劳累，甚至也忘记了饥饿。后来，人们把他讲过的故事集成一本书——《荷马史诗》。

　　这部书可以说是人类古代文明的奇葩。它包括两部分：《奥德赛》和《伊利亚特》。以发生在公元前21世纪末期，历时十年之久的特洛伊战争为背景，描写了古希腊形形色色的人物，以及众多天上地下水里的鬼怪，无奇不有。神与神的矛盾，神与人的争执，神与怪的仇恨，等等，最终成了特洛伊战争的导火线，并且诸多的因素使得这场战争一发而不可收。这期间，涌现了众多性格鲜明的英雄人物，也不乏一些小人物，人神混杂，组成了一首优美动人的史诗。

　　《奥德赛》讲述的是国王奥德赛在攻陷特洛伊后，归国途中在海上漂泊十年的故事。它集中描写的是最后一年发生的事情。奥德赛受神明捉弄，在海上漂泊十年，历经重重磨难。最后受诸神怜悯，他才得以回到家中。流落期间，他的妻子和孩子受尽欺辱，他的王位也被人霸占。最后奥德赛扮成乞丐回家，和他的儿子一起把叛逆者斩尽杀绝，夺回了王位。

《伊利亚特》讲述的是希腊联军围攻特洛伊的故事，以希腊联军统帅阿伽门农和阿喀琉斯的争吵为中心，集中地描写了战争结束前几十天发生的事件。希腊军围攻特洛伊城整整十年，但始终没有攻克，而阿喀琉斯由于阿伽门农夺走了他心爱的女奴，愤而不肯出战，导致希腊军队遭受了重大打击，后来，当他知道挚爱的朋友在战争中战死的消息后，他又毅然重返战场，并亲手杀死了特洛伊将领赫克托耳。

《荷马史诗》充分展现了自由主义的场景，并为日后希腊人的道德观念树立了典范。因此，《荷马史诗》也被人们称作"希腊的史诗"。

令人"食欲大振"的《格列佛游记》

《格列佛游记》是爱尔兰作家斯威夫特创作的小说。这是一部能够使我们看了之后，"食欲大振"的寓言小说。这部小说共有四部，让我们走进书中的奇幻世界去浏览一下吧。

该小说的第一部写格列佛海上遇险而意外来到了小人国利立浦特。那里的人只有六英寸高，但本性贪婪、残忍，彼此之间还钩心斗角。格列佛在这里受到大臣的忌妒，最后无计可施，只能逃出小人国。第二部写他到了大人国，这里的人和小人国截然不同。格列佛向国王宣扬英国政体之完善，军力之无敌，武器之先进，但受到国王的批评。国王认为，

真正有贡献的人是那些能够造福百姓的人。第三部主要写他在飞岛国的所见所闻。那里的国王住在飞岛上，对人民实行高压政策。人民稍有不从，飞岛就降落其上。第四部写慧骃国。这里的马是有理性的居民和统治者，一种形似人类的"耶胡"则是贪婪的动物，为马所豢养。

这部小说用幻想游记的形式批判了当时的社会。小人国和飞岛国，是影射英国及欧洲的资本主义社会；大人国国王与马的描写则对英国的现实进行了直接的批判。小说的讽刺手法也极其高超，有影射，有象征，有谴责，有对比，锋芒直指英国的政治、军事、文化等各方面的弊端，使得《格列佛游记》成为世界最著名的讽刺作品之一。

美丽伤感的《新爱洛伊丝》

在12世纪，有一个叫作爱洛伊丝的美丽女孩，她曾经不顾门第与身份的局限，爱上了他的家庭教师阿卜略卜，结果就如同大家所预料的那样——以悲剧收场。当法国著名的文学家、教育家、哲学家卢梭知道这个故事后，他先是一阵悲伤，接着灵机一闪，写出了《新爱洛伊丝》。

《新爱洛伊丝》借用12世纪青年女子爱洛伊丝与她的老师阿卜略卜的爱情故事，描写了贵族小姐尤丽和她的家庭教师圣·普乐之间的爱情悲剧。普乐出身于平民阶层，但非常有学识。为了生活，他在贵族家庭担任家庭教师，天长日久，与学生尤丽小姐发生了爱情。可是由于双方阶层不同，尤丽的父亲不同意这门婚事，并逼着尤丽嫁给一个门当户对的贵族，普乐不得不离去。多年后，普乐又被请来任尤丽子女的家庭教师。两人再度相逢，悲喜交加。感情和义务使双方处于痛苦的矛盾之中，最后尤丽在这种痛苦的折磨中忧郁而死。

这部小说的情节简单、曲折有致。所采用的书信体便于展示人物内心的情感、矛盾和心灵上的创伤。整个作品饱含反封建的激情，又充满感伤情调，犹如一首优美的抒情诗。在这部小说中，卢梭还加入了许多美妙的自然景物的描写，起到了情景交融的艺术效果。为此，卢梭成了第一个使有关大自然的描写成为文学作品重要组成部分的作家，同时这部小说还开创了欧洲浪漫主义的先河。

伤感小说《少年维特之烦恼》

《少年维特之烦恼》是德国著名作家歌德所写的一部小说，描写了一个感情脆弱、忧郁，不能与生活中的苦恼做斗争，在守旧的环境里找不到出路的"反叛的受难者"（普希金语）的形象。

维特义无反顾地爱上了一个已经订了婚的美少女绿蒂，以致被重重烦恼所困扰，绝望、病狂，最后自杀而死。

那么维特在爱上绿蒂的时候，遇到了什么样的烦恼呢？那是上流社会的污浊庸俗、沆瀣一气，人和人之间的敌对、蔑视、钩心斗角，门当户对的婚姻制度，不可跨越的等级，

以及得不到自由的痛苦。这些烦恼使得维特为之困惑不已，甚至对整个社会失去了信心。作者用书信体和第一人称的写作手法，使得主人公复杂和深刻的思想变化淋漓尽致地表现出来，使读者更深刻地体会到主人公的烦恼与困惑。

未完成的小说——《唐璜》

大家都知道拜伦是英国伟大的浪漫主义诗人，其实他不光写诗，还写小说。《唐璜》就是拜伦的一部最重要的未完成的长篇诗体小说，也是一部深刻反映当时社会现实的讽刺性史诗。接下来，我们来拜读一下这部巨作。

主人公贵族子弟唐璜爱上了贵妇朱丽亚，母亲一气之下，送他到欧洲旅行。旅途中，唐璜发生了很多事：在海上遇险、与海盗女儿海黛相恋、加入俄军作战、出使英国等。作者通过主人公旅途经历的描写，不仅向读者展现了曲折动人的故事情节、异域风光，而且也让大家看到了欧洲各国的种种弊端：苏丹宫廷的荒淫、俄国军队的残忍、英国上流社会的虚伪等等。

此外，作者还在文中以机智的诗句广泛议论哲学、宗教、艺术和科学方面的问题，嘲笑湖畔诗人的奴隶哲学，驳斥贝克莱的唯心主义。

可以说，《唐璜》是以整个欧洲为广阔背景，拜伦的笔锋驰骋其中，得心应手，嬉笑怒骂皆成文章。因此，《唐璜》还被歌德称为"绝顶天才之作"。

"现代小说之父"和他的《红与黑》

在19世纪初，法国社会流传着这样一句话："不读《红与黑》，就无法在政界混。"并且这本《红与黑》在以后的岁月中，一再被许多国家列为禁书，却屡禁不止。这就令人感到稀奇了：《红与黑》讲的是怎样一个故事，为什么会产生这么剧烈的轰动效应呢？

《红与黑》之所以引起这么大的轰动，其根源便在于主人公于连的形象太深入人心了。于连是一个木匠的儿子，他年轻英俊、意志坚强、精明能干。他从小就有一个理想，希望借助个人奋斗跻身上流社会，可是在现实中却屡屡受挫。

于连从小就很崇拜拿破仑，一心想像拿破仑那样通过从军而飞黄腾达。王朝复辟后，于连的这个梦想彻底破灭了，只好加入教会，通过教会的力量向上爬。去市长家当家庭教师是于连踏入社会的第一步。出于对市长的报复心理，于连和市长夫人产生了暧昧关系。事情败露后，于连进入贝桑松神学院。没过多久，他随比拉尔院长来到巴黎，成为德·拉莫尔侯爵的秘书。由于于连天资聪颖、精明能干，不仅受到了侯爵赏识而且也得到了侯爵女儿的爱情。二人秘密结婚，拉莫尔侯爵知道这件事后暴跳如雷，但也无可奈何，于连也因此得到了骑士称号、中尉军衔和年收入两万零六百法郎的庄园。但好景不长，正当于连春风得意的时候，他却被贵族和教会陷害，被送上了断头台，成为统治阶级阴谋的牺牲品。

　　司汤达的《红与黑》作为法国第一部批判现实主义的杰作，深刻地揭示了当时政治的黑暗和社会环境对人的性格和命运的深远影响。这部小说还开创了"意识流"和"心理小说"的先河，因此，司汤达也被人们称为"现代小说之父"。

歌颂劳动人民的小说《巴黎圣母院》

　　有一个人，脸长得像几何图形，嘴长得像马蹄，缺一只眼，还是聋人，更不公平的是上帝还给了他一个驼背。可就是这样一个人，雨果竟然把他写进了《巴黎圣母院》，而且还成了"男一号"。他的名字叫卡西莫多。

　　"愚人节"那天，美丽的姑娘爱斯美拉达在广场上翩翩起舞，吸引了不少人的目光，巴黎圣母院副主教克洛德也一下子迷上了这个漂亮的姑娘。克洛德看似道貌岸然，实际上却有一副蛇蝎心肠，他引诱爱斯美拉达未遂，便诬蔑她谋杀情人法比斯，判她绞刑。这时候，外貌极丑而心灵善良的教堂敲钟人卡西莫多救出了爱斯美拉达。后来，吉卜赛人围攻钟楼，在一片混乱中，克洛德又诱骗爱斯美拉达，再次遭到拒绝后，他将爱斯美拉达送上了绞刑架，无辜的姑娘被绞死了。悲痛欲绝的卡西莫多一怒之下，将克洛德推下了钟楼。之后，卡西莫多拥抱着爱斯美拉达的尸体也死去了。

　　这部典型的浪漫主义小说揭露了天主教和封建统治的罪恶，具有鲜明的反封建、反教会色彩。它艺术性地再现了五百多年前法王路易十一统治时期的黑暗现状。同时，这部小说也宣告了禁欲主义的破产，歌颂了下层劳动人民的善良、友爱、舍己为人，反映了雨果的人道主义思想。

意识流的典范之作《尤利西斯》

大多数人看了英国散文家查尔斯·兰姆的《尤利西斯的历险》之后，可能更多的是被其中的故事情节所吸引，并且回味良久。可是，爱尔兰作家乔伊斯读了之后，突发灵感，写成了一部长篇小说《尤利西斯》。

《尤利西斯》是公认的意识流经典作品。小说的情节相当简单，描述了苦闷彷徨的都柏林小市民利奥波德·布卢姆于1904年6月16日一昼夜之内在都柏林的种种日常经历。

小说的题目来源于希腊神话中的英雄奥德修斯（拉丁名为尤利西斯），而《尤利西斯》的章节和内容与荷马史诗《奥德赛》也有着一定的平行关系。利奥波德·布卢姆是奥德修斯的现代翻版，他的妻子则对应了尤利西斯的妻子帕涅罗佩。乔伊斯将布卢姆在都柏林街头的一日游荡比作奥德修斯的海外十年漂泊，同时刻画了他不忠诚的妻子摩莉以及斯蒂芬寻找精神上的父亲的心理。

小说运用意识流的手法，将外部的现实和人物内心的意识活动交织在一起加以描写，情节的跳跃性比较大，因而成为意识流文学首屈一指的典范作品。

拉伯雷的《巨人传》

法国16世纪文艺复兴时期，有一个作家叫拉伯雷，他是孩子们最好的朋友。看到当时教会教育对孩子思想的束缚和毒害后，他非常心痛，毅然拿起笔，花了二十多年时间写成了《巨人传》。那么这本书主要讲的是什么事情呢？

这部小说取材于法国民间传说。它以神话般的人物、荒诞的情节，赢得无数读者的厚爱，这部小说在内容上分为五部分。

第一部写卡冈都亚与众不同的成长经历。他曾经因为接受教会教育而愚钝，后来接受人文主义教育之后，身心才得以健全。他在约翰修士的帮助下打败了侵略者，而后为约翰修士建立了德兼美修道院作为回报。

第二部写卡冈都亚的儿子庞大固埃的成长教育经历。他在巴黎求学时遇到巴汝奇，后来在巴汝奇的帮助下，战胜了迪普索德。

第三部写庞大固埃和巴汝奇为解决巴汝奇的婚姻问题而开始的漫游生涯。

第四、五部继续写他们历尽艰辛之后，终于找到了神瓶，他们从神瓶中得到的启示是一个"饮"字，就是要畅饮知识、真理、爱情。

《巨人传》可以说是拉伯雷思想的一种总结。在书中，拉伯雷批判了法国16世纪封建社会的重重弊端，痛斥了教会教育对儿童的毒害之深。同时，该书也高扬人性的美好，充分肯定了人文主义者的创造力。

爱情悲剧《罗密欧与朱丽叶》

梁山伯与祝英台的故事可谓家喻户晓，外国有一部和《梁山伯与祝英台》相媲美的爱情悲剧，那就是《罗密欧与朱丽叶》。

《罗密欧与朱丽叶》是莎士比亚的代表作。剧中的男女主人公已成为争取爱情和婚姻自由的典型。那么，这对爱人身上到底发生过怎样惊天动地的爱情呢？

罗密欧和朱丽叶第一次见面时，便深深迷上了对方，但因家族不和而受百般阻挠。后来经神父帮助，两人秘密举行了婚礼。一次，罗密欧为友复仇，刺死了提拔特，被判放逐，而朱丽叶被逼嫁给巴里斯伯爵。神父为了帮助他们，让朱丽叶吃安眠药装死，并派人通知罗密欧赶回。但送信人误了行程，罗密欧以为朱丽叶真的死了，便赶到她身边自杀殉情了。朱丽叶醒来见爱人已死，悲痛欲绝，匆匆结束了自己的生命。

这部爱情悲剧反映了人文主义者的爱情理想与封建压迫之间的剧烈的矛盾冲突。这部悲剧最终以主人公之死换来两家和好结束，否定了封建家庭间的纷争与仇杀，批判了不合理的婚姻制度，歌颂了自由的爱情。

人道主义的力作《悲惨世界》

所谓的"人道主义"，简单地说，也就是关心他人生活是不是幸福，关注人们相互之间是不是友爱，并且在别人遇到困难时热心地帮助他解决问题，等等。维克多·雨果不仅是个大作家，而且还是人道主义的代表人物，《悲惨世界》最能体现他的人道主义思想。

《悲惨世界》是以真实事件为蓝本而创作的。小说描写了穷工人冉阿让一生的故事。冉阿让因偷一块面包而坐了十九年牢，1802年，他终于结束了这种苦难生活。出狱后，他洗心革面，重新做人。十年后，他凭借自己的能力成为一名成功的商人并当上了市长，但为了解救被误认是冉阿让的流浪汉商马弟，他不顾自己的身份地位，前去自首，又被逮捕。他再次逃出后，收养了一个女工的女儿珂赛特，继续行善。长期追捕他的沙威被冉阿让的善良和崇高所感动，放走了冉阿让，自己投水自杀了。在冉阿让生命的最后时刻，他的德行得到了珂赛特和她丈夫的理解。

《老人与海》：海明威自认最好的作品

在我们看来，美国作家海明威的作品几乎每一部都是经典，但海明威只对他的一部作品满意。他说："《老人与海》是我这一辈子所能写得最好的一部作品。"可见《老人与海》的价值不能小觑。那么这本书讲了一个什么样的故事呢？

主人公老渔夫桑提亚哥在海上连续八十四天没有捕到鱼。起初，有一个叫曼诺林的男孩跟他一道出海，可是过了四十天还没有钓到鱼，孩子的父母便认为孩子跟着老人不会交好运，于是安排孩子到另一条船上去了。后来，老人一直独自在海上捕鱼，但始终一无所获。到了第八十五天，老人一清早就把船划出很远。这次他比较幸运，出乎意料地钓到了一条比船还大的马林鱼。老人和这条鱼周旋了两天，终于叉中了它。但这条受伤的马林鱼在海里留下了血腥味儿，引来无数鲨鱼的争抢，老人奋力与鲨鱼搏斗。终于，顽强的老人战胜了鲨鱼，但回到海港时，马林鱼只剩下一副巨大的骨架，老人也精疲力竭地一头栽倒在陆地上。孩子来看老人，他认为桑提亚哥没有被打败。那天下午，桑提亚哥在茅棚中睡着了，梦中他见到了狮子。

小说以写实手法展现了老人与鲨鱼搏斗的激烈场面以及老人优雅的风度，淋漓尽致地体现出桑提亚哥的生活信念，即"人可以被毁灭，却不可以被战胜"。海明威塑造的这种精神上永远不可战胜者成为文学史上最著名的"硬汉"形象之一。

1954年，海明威因为《老人与海》中突出的叙事艺术和他对当代文学风格的影响，荣获了诺贝尔文学奖。

第四章

书法、绘画、雕塑
——线条中的艺术美

【中国部分】

甲骨文是中国最早的书法艺术

在距今三四千年前的殷商时期，人们写字可不像现在一样，写在纸上或直接输入到电脑里。那个时代，纸张还没有发明，人们一般采用最笨的办法：把字刻在牛的骨头或乌龟的甲壳上，这便是我们现在所说的"甲骨文"。

甲骨文是我国已发现的最早的文字。关于甲骨文的发现还有一个故事。

清朝光绪年间，国子监的主管官员王懿荣偶然看见一味叫龙骨的中药，他觉得很奇怪，就翻看药渣，没想到居然发现"龙骨"上刻着一种类似文字的图案。于是他把所有的龙骨都买了下来，发现每片龙骨上都有相似的图案。他确信这是一种文字，而且比较完善，应该是殷商时期的。后来，人们在龙骨的出土地殷墟又挖掘出了大量的龙骨。这些龙骨主要是龟类兽类的甲骨，因此，人们把刻在上面的文字称为"甲骨文"。

甲骨文刻功精细，有的刻完后还用朱砂镶嵌成红字。它的字体是属于最原始的大篆。甲骨文主要是占卜吉凶的卦文，传说，当刻时，往往要举行隆重的仪式，以求吉祥。一般要由当时的史官来刻。在甲骨文中，往往都刻有这些史官

的姓名。

甲骨文向我们展示的不仅是我国文字的文明，更是悠久的书法史。

篆刻：我国独特的传统艺术

刻在甲骨文上的这些文字，刀锋挺锐，具有较高的"刻字"水平。殊不知，这便是我国最早的篆刻艺术。

篆刻是我国独特的传统艺术，它产生于殷商时代的甲骨文。随着时间的推移，到了春秋时期，出现了印章，这时候，篆刻逐渐成为专门的技艺。开始时，印章统称为"玺"，秦始皇统一六国后，规定"玺"为皇帝专用，"亲王以上称宝，郡王以下官员曰印"。汉朝建安末年至两晋时期，印章上的文字多为阴刻白文，用来封物作为信验。至六朝，印章始刻朱文。唐朝以后，印章已经不是皇帝贵族的专利，它的应用范围扩大了很多，除了私人名章，又出现了书简印、收藏鉴赏印、斋堂馆印等。同时，刻有成语和诗文的"闲文印"开始问世。这标志着这门技艺开始成为一种艺术创作。

此外，人们为了增添艺术的美感与情趣，还在书法、绘画等美术作品上加盖印章。至此，篆刻已经发展到融书法、绘画、雕刻为一体，并颇具审美价值的一种艺术。

湖笔、徽墨、宣纸、端砚

在古代，凡是文人墨客，书房里必定要备着四样东西，即笔、墨、纸、砚。如果谁对外号称是文人，但他连这四样东西都没有，那恐怕就要被人笑话了。当然，就像所有的事物有贵贱、好坏之分一样，这四宝的档次也不一样。文房四宝中也有优有劣，其中湖笔、徽墨、宣纸、端砚是文房四宝中的极品。

湖笔是毛笔中的珍品。因为它的发源地在浙江湖州府（现在的吴兴），所以称为"湖笔"。相传蒙恬曾在那里住过，被当地人奉为"笔祖"，还修建了纪念他的"蒙公祠"。这个时期，湖州成了全国的制笔中心，并出现了冯应科、张进中、吴升等一大批制笔名师。随后，湖笔的制作工艺开始流传到各地。

徽墨是中国最有名的墨。相传，南唐后主李煜酷爱作诗绘画，安徽知府便选了两块奚墨进献给朝廷。李后主一试，此墨不沾、不滞、不滑，乌亮光泽，而且芳香四溢，不禁赞不绝口，当即召奚廷硅入宫，赐姓李，世为墨官，又加封"奚墨"为"徽墨"。从此徽墨闻名天下。

宣纸向来有"纸寿千年"之说。它因产于唐代安徽宣州府（现在的泾县），故名宣纸。制作宣纸的原料为檀树皮和稻草，制作工序有一百多道。它按吸水性能可分为生熟两种，生宣吸水性强，宜作写意画，熟宣不甚吸水，宜作工

笔。宣纸有纸质柔韧、洁白平滑、细腻匀整、不起皱、不掉毛、久不变色、不蛀不腐等特点，据说南唐后主喜爱宣纸，他还特地建造"澄心堂"来贮藏此纸，宣纸的珍贵可见一斑。

端砚被誉为"天下第一砚"，历来被文人墨客视为珍宝。它产于广东端州（现在的肇庆），故有端砚之称。端砚素有"秀而多姿""发墨不损毫"的特点。唐代诗人李商隐曾得到一块端砚，上面有一种花点，碧玉晶莹，李称之为"青花"。此砚磨出来的墨不仅受寒不冻，且"香气袭人"。后来，这块端砚被苏东坡所收藏。

中国画：三大国粹之一

我国"三大国粹"包括京剧、中医、中国画。这里简单说说中国画。

中国画在古代一般称为丹青，主要指的是画在绢、宣纸、帛上的画。近代以来，西方的油画传入中国，为了区分这两者，我们将我国传统的绘画简称"中国画"。中国画可以说是我国乃至世界艺术领域中的一朵奇葩。

中国画是用我国所独有的毛笔、水墨和颜料，依照长期形成的表现形式及艺术法则而创作出的绘画。中国画按题材内容大致可以分为人物、山水、花鸟画三个门类，按手法可分为工笔、写意、勾勒、没骨、设色、水墨等。

中国画的画幅形式多种多样，有长卷、横批、条幅、中堂、册页、斗方、折扇、团扇等，并以诗、书、画、印相结合，还有特殊的装裱工艺。

中国画创作立意上，注重抒发画家的主观情绪，反映了中华民族的审美情趣，展现了中国传统文化所独有的内涵。

中国画家四祖之首：顾恺之

顾恺之是东晋时期的一名大画家，被誉为"中国画家四祖之首"。顾恺之能诗赋，善书画，无所不通，多才多艺，是第一个被写入史书并被作传记的伟大画家。后人还称他为"以形写神"的画家。顾恺之为何能享有如此多的声誉呢？这就要从他的画风说起了。

顾恺之擅作人物画，他一般在画出之后很久，才给画中人点出眼睛。后人称赞顾氏之画"意在笔先，画尽意在"，连东晋宰相谢安也称赞他的画："自苍生来未之有也。"

他的人物画注重人物神韵和内心世界的表现，达到了以形传神的艺术效果。这是他对中国绘画的一个重大贡献。顾恺之一生创作过相当多的优秀画作，由于年代久远，我们今天只能从唐宋时代的人临摹的《女史箴图》《列女仁智图》《洛神赋图》等名作中，领悟他的传神之笔。那娴静端庄的人物神态、秀丽的设色及环境背景、服饰道具的设置，无不典雅质朴。此外，顾恺之笔下的人物画还富有强烈的节奏感，匀和而悠缓自然。

诗、画结合的经典之作：《洛神赋图》

知道曹植的人，恐怕没有人不知道他的《洛神赋》。东晋画家顾恺之还根据曹植《洛神赋》的故事，画出了千古名画——《洛神赋图》。

《洛神赋图》取材于《洛神赋》。原作内容描述的是诗人感情发展不顺利，不能与所爱的人结合，而通过神话寓言，在想象的空间中让自己在洛水河边与美丽的仙女相遇，进而发生了一系列浪漫故事，表达诗人对失去情人的思念。《洛神赋图》用画笔展示出洛神典雅美丽的形象，很好地传达了曹植在文学中体现的思想情感。

《洛神赋图》共画了六十一个人物，各个人物形象鲜明，栩栩如生。全幅共分为几个场景，用一幅幅连续的画面展示了从曹植和洛神相见，直到洛神离去，曹植返回的整个过程，反映了主人公的欢乐、哀怨的情调。画面中除了主人公和其他人物，还描绘了美丽的背景图，如山石、树木和马匹，形象十分生动。

《洛神赋图》不愧是诗、画结合的经典之作，体现了东晋绘画的最高水平。

天下第一行书——《兰亭集序》

自古以来，被誉为"诗圣""画圣""书圣""医圣"

等美名的"圣人"都是有真才实学，并且鹤立鸡群的人。晋代书法家王羲之这个"书圣"就是如此。他的代表作《兰亭集序》被誉为"天下第一行书"。

晋穆帝永和九年（353）三月三日，王羲之与当时的文士名流谢安、孙绰等四十一人于会稽山阴县境内的兰亭集会，饮酒赋诗，各抒情怀，事后结集成册，编定为《兰亭集诗》，王羲之撰写《兰亭集序》。

《兰亭集序》集记事、写景、抒情于一体，文笔清新疏朗、情韵绵延、感情真挚、自然朴素。全篇二十八行，三百二十八字，字字"遒媚劲健，绝代更无"，其中二十个"之"字，七个"不"字，更是形态各异，绝不雷同，可谓别开生面。据说，唐太宗李世民酷爱书法，对王羲之佩服得五体投地，对《兰亭集序》的真迹更是爱不释手，在世时曾命许多书法家摹写多次，赐给太子、诸王和近臣，死后还把真迹带进坟墓。

"画圣"吴道子

在中国艺术史长廊里，有数不尽的名家，可是只有三位名家被戴上"圣"的桂冠：晋代王羲之被誉为"书圣"，唐代杜甫被誉为"诗圣"，还有一个被誉为"画圣"的便是唐代的吴道子。

吴道子是一位全能画家，人物、山水、花鸟等，无所不精，但是他的一生，主要从事宗教壁画的创作。他的壁画比

较出名的有《地狱变相图》。此图描绘人死后在地狱里的经历，可谓栩栩如生。吴道子借此壁画宣扬佛教的因果报应。所以说，《地狱变相图》不仅仅是一幅画，更是一面镜子，使人深思、反省。

吴道子早年学习顾恺之，行笔较细，风格稠密，中年发展了张僧繇的"疏体"，行笔磊落、雄放、遒劲、轻重有间，线条富有动感和表现力，有"吴带当风"之称。

五代典范之作《韩熙载夜宴图》

自古以来，描绘宫廷、贵族家庭生活的画作不胜枚举。而在这众多的画作中，名气比较大的要数南唐画家顾闳中的工笔重彩画《韩熙载夜宴图》，堪称五代十国时期的典范之作。

《韩熙载夜宴图》这幅画长333.5厘米，宽28.7厘米，是以韩熙载的生活为题材而作成的。据说南唐的韩熙载很有政治才能，艺术上也是多才多艺。他懂音乐，能歌善舞，擅长诗文书画。他不喜欢官场的钩心斗角，尔虞我诈，所以把很多精力放在歌舞夜宴中。南唐皇帝听说韩熙载生活特殊，专门派画院画家顾闳中深夜潜入韩家，回去后创作出这幅设色艳丽、线条流畅的夜宴图。

整幅图画以手卷形式展开五个场景——琵琶演出、舞蹈、休息、音乐合奏、夜宴结束。在场景间，画家非常巧妙地运用屏风、管弦乐器等器物，使这些场景之间既有相互连接性，又有分离感；既独立成画，又是单独画面。

　　顾闳中在绘制这幅画时，不放过任何一个细节，把韩熙载生活的情景描绘得淋漓尽致，栩栩如生。在这幅巨作中，四十多个神态各异的人物重复出现，性格突出，神情描绘自然。此外，画家用惊人的观察力，在画中真实地再现了主人公厌恶官场、借酒消愁的消极心态和当时统治阶级奢华的生活场面。

历史的写真——《清明上河图》

　　一幅图画将整个城市的繁华尽收眼底，将一千年前市井百姓的生活呈现给世人，将一段消逝了的时光带到今天，这便是被称为"历史写真集"的《清明上河图》。

　　张择端的《清明上河图》是中国十大传世名画之一。画卷宽24.8厘米，长528.7厘米，属一级国宝。这幅画描绘的是北宋年间，汴京清明时节热闹的集市景象。通过这幅画，我们可以了解北宋时的民风、风情、民俗。画中描绘了560多位不同年龄、性别、职业、身份的人物。粗看人头攒动，如火柴棍大小，杂乱无章；细瞧，这些人在做着不同的活动，有摆货摊的，有卖茶水的，有看相算命的，有坐轿的，有骑马的，有挑担的，有赶毛驴运货的，有推独轮车的，有在桥上驻足观赏的……人群熙熙攘攘，但透过拥挤的人流，依然可以看出茶楼、酒馆、当铺、作坊等，还可以看到桥下许多不同的船只、形形色色的房屋、姿态翩翩的树木。街道

向东西两边延伸，一直延伸到宁静的郊区，可是街上行人还是络绎不绝。

《清明上河图》将汴河上繁忙、紧张的运输场面，描绘得栩栩如生，巧夺天工。它见证了当年汴京的繁荣，也是北宋城市经济的写照，具有极高的史料价值，因此人们称它为宋代历史的"写真集"。

"扬州八怪"怪在何处

提起"扬州八怪"，有的孩子头脑里会反映出八个怪物的形象：来自百慕大的怪物、来自未来和外星的怪物、来自地心的怪物……这样想问题的孩子想象力还算丰富，但是事实上，这"扬州八怪"是八个鼎鼎有名的大画家。

清朝乾隆年间，繁华的扬州出现了一批以卖画为生的文人画家，他们有着相似的人生经历，于是逐渐形成了"扬州画派"。其中，汪士慎、黄慎、金农、高翔、郑燮、李方膺、罗聘、李鳝等人被称作"扬州八怪"。

这八位画家以画得怪、文章怪、性情怪、行为怪而得名。他们笔墨大胆泼辣、洒脱豪爽、直抒胸臆，诗书画结合，格调清新。他们多数擅长花鸟、梅竹，也有精通人物或山水的。他们多仕途失意或功名不就，但性情豁达、放浪不羁、玩世不恭。

"扬州八怪"里最具代表性的人物就是郑燮。郑燮号板桥，他常常用画来抒发忧国忧民之情，抨击时弊。人称板桥有诗、书、画"三绝",三绝中又有真气、真意、真趣。而郑板桥的"怪"也很有特点,颇有些像济公活佛,"怪"中含有几分真诚、几分幽默、几分心酸。他每次看到所谓的"犯人"游行时,总要画一幅梅兰竹石挂在犯人身上,来吸引围观的众人,借以警示,可见他的"怪"不是一般的怪。

"一代宗师"徐悲鸿

徐悲鸿凭借着自身的天资、毅力和努力,全面掌握了东西方绘画技法,成为中国美术界的一代宗师。

作为"一代宗师",徐悲鸿当之无愧。徐悲鸿的父亲就是个小有名气的画家,他自幼跟着父亲学习中国水墨画。1918年,应蔡元培聘请,徐悲鸿任北京大学画法研究会导师,第二年留学法国,后又转往德国、比利时研习素描和油画。1927年,徐悲鸿回国,先后任教于多所大学。

徐悲鸿是杰出的美术教育家,更是杰出的画家。他一生绘制了大量的作品,其中最著名的要数《八骏图》。这些英俊矫健、一身傲气的精灵,或踯躅于旷野山巅,或奔驰于荒野大漠。它们向往自由和光明,充满着时代的激情和风采。丰富而怪诞的墨韵,喻意向外的独特意境,使这些骏马成为中国绘画的象征。

在近现代中国美术界,能够和齐白石等量齐观的也只有徐悲鸿。他们的影响之大、地位之高,是同期其他画家所不能比拟的。

"中国人民艺术家" 齐白石

齐白石曾被授予"中国人民艺术家"的称号，并被公推为"世界文化名人"。他是继清末民初海派画家之后把传统中国画推上一个新高峰的绘画大师。

齐白石是湖南湘潭人，少时家境贫困。他12岁学木匠，15岁学雕花木工，挣钱养家。27岁时，他才开始学习绘画。凭借自己的刻苦努力和对绘画浓厚的兴趣，他仅用了七年时间，便从一个雕花木匠发展为民间画师，进而成为有文化修养的艺术家。

齐白石的写意花鸟画具有深厚的传统文化功力，同时他也注重破旧立新，在绘画艺术中融入更多的生活情趣。他把老鼠、油灯、算盘、锄头等引进画中，并流露出农民的质朴、孩子般的天真，从而打破了传统文人画竹与兰的那些俗套，大大拓展了文人画的题材，开创了具有生活气息的文人画的新境界。

此外，齐白石的画作中洋溢着健康、欢乐、幽默、自足和旺盛的生命力。他在绘画中还融入了深厚的民族感情，借画作来鞭挞时弊，表达对祖国的一片深情。

西方主要绘画流派、风格

中国画派有岭南画派、"扬州八怪"、吴门画派、米派等多个派别,他们的画风各不相同。同样,西方绘画史上也有众多的画派和风格,这里给大家简单地介绍一些。

歌德式:流行于中世纪欧洲的基督教艺术风格,画中人物的衣饰大多线条流畅。

文艺复兴派:流行于文艺复兴时期的艺术风格,采用亮色、旋涡形图案和不规则弧形线条。

学院派:起源于17世纪。学院派创作题材大多是基督教传说、神话故事。其代表画家有法国的伦勃朗、席罗姆、布格柔,俄国的勃鲁尼等。

拉斐尔前派:19世纪,以罗塞蒂为代表的一群伦敦画家因受到拉斐尔之前的意大利绘画鲜艳色彩的启发,创立了一个具有浓厚象征意味的画派。

浪漫主义:常以神话为题材的一种充满激情的绘画风格,于1830年左右在法国达到巅峰。

现实主义:以纯粹写实手法表现事物,常带有社会或政治意识。

印象派:19世纪后期在法国兴起的画派,该派画家都十

分重视光线和纯色的效果。代表人物有莫奈、毕赛罗、亥诺瓦、德加等。

后期印象派：此画派出现于19世纪末，主旨是用画家的主观感情去改造客观物象，要表现出"主观化了的客观"。主要画家是法国的塞尚。

表现派：出现于20世纪初，此画派的作品通过夸张的形象和强烈的色彩对比来表现充满激情的主题。代表人物为挪威画家穆克。

野兽派：此派绘画形象怪异夸张，色彩狂野刺激。其领袖是法国画家马蒂斯。

抽象派艺术：出现于20世纪的一个画派。他们主张用几何图案表现"纯"抽象艺术和立体绘画艺术。代表人物为：布拉克、亨利·摩尔、蒙德里安。

超现实主义：兴起于20世纪20年代的法国，此画派主张以梦境般的效果来探索潜意识的心灵。主要代表人物为达利以及马格里特。

流行艺术：此画派出现于20世纪50年代末至60年代初，他们往往以现成的漫画、广告和明星拼贴创作绘画作品，代表人物为霍克尼、沃霍尔和李顿斯坦。

素描：一切绘画的基础

你知道人类最古老的艺术样式是什么吗？其实答案很简单，就是我们经常用的最基本的艺术手段——素描。

素描是一切造型艺术最基本的艺术手段。它是画家在平面上画的只有一种色彩的图案。它以单色线条来表现事物，也可以表达思想、概念、态度、感情、幻想等。

素描的出现可以追溯到五万年前的旧石器时代。那时候，人们在岩壁和陶器上画上最简单的人、动物、植物，这些图案便是素描的雏形。

素描在古希腊与古罗马时期开始逐渐形成一种成熟的画法。那时候的美术家用线条来准确地描述人体比例，准确地捕捉世间万物的形象。当时陶瓶上的画和雕塑品都是先用流畅的线条勾勒出形象，然后再进行加工创造而成的。但在欧洲中世纪，由于宗教的束缚，素描这种最基本的艺术样式逐渐趋于平淡，并没有得到什么发展。

西方的一个重要画种：油画

在你观赏油画的时候，或许很容易被油画的真实感和缤纷的色彩所诱惑，而不会去问：油画到底是怎样的一种绘画，它用的颜料是什么？

油画是西方的一个重要画种，至今已有六百多年的历史了。初期的油画是采用鸡蛋黄或蛋清搅和矿物颜料作画，然后用一层薄薄的油色照在画上，使整幅画面更有光泽。

后来，画家们不断探索，寻求一种更好的材质。终于在15世纪，被称为欧洲油画创始人的佛兰德斯画家凡·爱克在前人研究的基础上，发明了用亚麻仁油或核桃油、罂粟油等

一些快干油及经过处理的玛蒂树脂或达玛树脂等混合颜色粉制成油画颜料的方法。这样制成的油画颜料更易于调色与运笔，并且能较充分地表现出物体的真实感和色彩感。用这种颜料作出来的画，色彩鲜亮而不容易褪色。从此，这种新颜料和技法很快传遍欧洲，成为各国画家最常用的绘画材料。而用这种材料绘成的"油画"，也成为西方重要的画种之一。

日本的风俗画：浮世绘

浮世绘是日本江户时代流行的一种民间风俗画。绘画题材主要是风俗人情以及俳优、武士、游女、四季风景、各地名胜等，有浓郁的本土气息。

浮世绘在绘画时多选用鲜艳的颜料，注重线条流畅，表现手法细腻，受到世界各国人民的喜爱。

浮世绘的根源可以追溯到安土桃山时代就已经流行的风俗画和美女画。到了江户时代，其题材进一步扩大，包含市井生活、风俗习惯、歌舞伎艺、美人画、花鸟画等，由最初的毛笔画发展到木版画。17～18世纪，浮世绘进入了黄金时代，如锦绣万花，绚烂多彩。但是，随着江户时代的结束，这种绘画也渐渐没落，但它对于日本的审美影响是不可忽视的。

扑向太阳的画家——凡·高

荷兰有一位著名的画家，他生前穷困潦倒，多灾多难，作品无人问津，可死后，他的每一幅作品都价值连城。这个画家便是被人们称为"扑向太阳的画家"——凡·高。

凡·高于1853年出生于荷兰的一个牧师家庭，1890年7月29日在法国瓦兹河畔因患精神病自杀身死。他早年经过商，于1880年以后开始学习绘画，曾在巴黎结识贝尔纳、西涅克和高更等画家。他早期作品受这些印象派画家的影响，带有浓重的印象派色彩。后来，凡·高来到法国小镇阿尔，并在此创作了大量的作品，包括《向日葵》《邮递员鲁兰》《咖啡馆夜市》《包扎着耳朵的自画像》《星光灿烂》等，但这些作品很难为当时的人们所接受。

由于长期处于艺术上的忘我状态，他几乎总是在一种不能驾驭的激情状态下作画。因此他的作品的色彩对人视觉的冲击力相当大，并且充溢着一种个人的感情色彩。比如，他的代表作《向日葵》，这些简单地插在花瓶里的向日葵，呈现出令人心弦震荡的金黄色，表现出充满希望和阳光的美丽世界。画家拼命地想将这种激情与阳光下的景色交融在一起，然而与此同时，画家想抓住的这个美好世界还是悄然溜走了。或许这幅画正是他临近终点时的心理状态——宁可用整个生命去抓住这太阳底下美丽的一切。这或许也是人们称他为"扑向太阳的画家"的原因吧。

"艺术巨人" 毕加索

毕加索天资聪颖，勤奋好学，极富创造力。他是现代艺术流派之一——立体派的开创者及领袖。他大胆地借鉴塞尚在平面上创造三维空间画面的艺术风格，并加以引申发挥，探索在平面上画出物体六个面的不同形状，因此有了"立体主义画家"之称。

毕加索不仅仅是一个"艺术巨人"，同时，他也是一位和平的使者。他以西班牙北部的一个村庄命名的《格尔尼卡》，就是反对人类战争、维护正义与和平的著名作品。1937年4月26日，纳粹德国的空军对格尔尼卡进行了地毯式轰炸，数千名无辜平民被炸死。毕加索决定以这一暴行作为该画的题材。整幅画是以变形和重叠的"立体主义"手法画成的，表达了一种愤怒不安的强烈情绪。如今这幅作品已经深入人心，成为人类和平友谊的象征。

断臂维纳斯之美

古希腊神话中，有一个从大海泡沫中诞生的女神，她就是爱与美的女神——维纳斯。她有着天使的面孔，魔鬼般的身材，美得惊艳，美得极致……于是无数的后人根据这个神话想象她的模样，为她雕塑，想留住那永恒的美……

　　大约在公元前4世纪时，古希腊著名雕刻家阿海山纳在神话的基础上，加以丰富的想象和独特的创造，用大理石雕成了这一独一无二的艺术珍品。

　　雕像为黄色大理石半裸像，有两米多高，这座雕塑十分少见，它是形体与气质的和谐统一，但后来散失了。直到1820年，在爱琴海米洛岛上，一名叫尤尔赫斯的农民发现了它，后辗转到了法国的卢浮宫，不过雕像的双臂已失。

　　这么多年来，几乎没有人知道维纳斯雕像断臂之前的形象。雕像椭圆的面庞、挺直的鼻梁、平坦的前额和丰满的下巴，流露出一种理想化的色彩。她那微微扭转的姿势，则使整个身体形成一个螺旋状上升体态，富有音乐的韵律感，流露出女性的柔美和妩媚。虽然她的双臂已经惨断，但那雕刻得栩栩如生的身躯，仍然给人以一种古典主义诗意的理想美。人们在为其断损的手臂遗憾之余，产生过无穷的遐想。

　　后来，人们在旧档案稿中，发现了杜蒙·居维尔对于这座完整雕像的回忆：维纳斯右臂下垂，手抚衣襟，左臂上伸过来，握着一只苹果，双耳还悬有耳环……

　　时至今日，我们也只能在想象中为这个断臂的维纳斯加上一双美丽的双臂。

达·芬奇名作《最后的晚餐》

　　人们一提到达·芬奇，必然会想到他的两幅名画——《最后的晚餐》和《蒙娜丽莎的微笑》，其中《最后的晚

餐》是达·芬奇最有名的画作。

《最后的晚餐》这幅壁画绘制在米兰圣玛丽亚·德拉格拉齐耶修道院饭厅。在众多同类题材的绘画作品里，此画被公认为空前之作。这幅画在构图时，将画面展现于饭厅的一整块墙面，厅堂的透视构图与饭厅建筑结构相联结，使观者仿佛身临其境。

在人物布局方面，画家一反平列于饭桌的传统绘图形式，将基督独立于画面中央，其他门徒的神态、手势、眼神和行为，也都刻画得惟妙惟肖。这些典型性格的描绘，起到突出绘画主题的作用，与构图的多样统一效果互为补充，因此，使得此画成为世界美术史上的典范之作。

《西斯廷圣母》是最美的圣母像

意大利文艺复兴时期的大画家拉斐尔，是个极其专注的人才，他不但做了一辈子的画家，并且还画了一辈子的圣母像。这么执着的画家，理所当然画出了世界上最美的圣母像——《西斯廷圣母》。

拉斐尔一生以画圣母见长，他把自己美好的理想寄托在圣母身上，因此，他笔下的圣母像更富有人情味。《西斯廷圣母》则是拉斐尔所画的圣母像中最出色的。

在这幅画卷中，拉斐尔对美丽、神圣、爱慕、敬仰等美好情感把握得恰到好处。圣母抱着童子耶稣基督，从天界缓缓降临，微风吹拂她的外衣，她那圣洁、慈祥的目光注视着人间，大而温柔的眼睛流露出忧伤的神情。圣女巴巴拉虔诚地跪在圣母的脚边，脸上浮现出幸福的微笑。教皇西克斯特斯站立在圣母的左侧，他仰视圣母，右手伸出向地上的信徒们示意。

整幅画面的情调高雅、和谐、明快、纯洁。据说，许多人都对画中的圣母赞叹不已、如痴如醉，可见这个"圣母"的艺术魅力之大。

布鲁塞尔第一公民——"撒尿的小·男孩"

比利时布鲁塞尔的第一公民并不是第一批来布鲁塞尔定居的人，也不是比利时历史上的什么名人，而是那个"撒尿的小男孩"。

"撒尿的小男孩"这座铜像坐落在比利时布鲁塞尔市中心广场附近的埃杜弗小巷。它是由雕塑大师捷罗姆·杜克思诺于1619年塑造的。这座青铜雕像身高约50厘米。男孩的鬈发微卷，小鼻子上翘，嘴角还挂着调皮的微笑，赤身露体，叉腰挺肚，旁若无人地不断撒"尿"。

布鲁塞尔的人们非常喜欢它，亲切地称它为"第一公民"，并把它看作该市的象征和幸福的标志。

说起这座雕像的来历，大致有三种说法：其一，古代西班牙入侵者撤离布鲁塞尔时，企图用炸药将这座城市夷为平地，关键时刻，幸亏一个勇敢的小孩夜出撒尿，把导火线浇湿，才保住了整座城市。但小孩却因此中箭身亡，于是人

们立像悼念他。其二，相传中世纪时，有个神童一泡尿浇灭了强盗们在布鲁塞尔燃起的漫天大火，挽救了城市里所有的人，故立像纪念。其三，某女神途经布鲁塞尔，突然发现一个孩子竟朝出殡的人群撒尿，怒其渎犯神灵，便罚他撒尿不息。

力与美的体现——大卫

你知道西方文艺复兴时期，最值得夸耀的男性人体雕像吗？那就是意大利伟大的雕塑家、画家、建筑师米开朗琪罗的代表作《大卫》。

《大卫》创作于1501—1504年，这座雕像是用整块大理石雕成的，高2.5米，连基座高5.5米。

《大卫》取材于犹太少年英雄大卫战胜敌酋哥利亚的故事。大卫容貌俊美，机智勇敢，当他的家乡以色列城受到外族入侵时，他挺身而出，用投石机把外族人的头领哥利亚杀死。大卫杀敌无数，为家乡立下了赫赫战功，在人民的拥戴下，他成了以色列最年轻的军事统帅。

前人在塑造大卫时，常采用他取胜时的情景，而米开朗琪罗与他们不同。他另辟蹊径，塑造了一个怒目而视、出征迎战的全裸青年，表现出一种捍卫祖国的英雄气概。

1504年4月，佛罗伦萨市政府将这座大卫像安放在市政厅大门前，以此激励佛罗伦萨人民的士气。

第五章

听天籁之音，赏动人舞姿

"雅乐"是怎么来的

所谓"雅乐"，顾名思义，就是高雅的音乐。那么，什么样的音乐才称得上"雅乐"呢？"雅乐"又是怎么来的呢？

雅乐与民间的"俗乐"相对，是指中国古代的宫廷音乐。它起源于周代。周王朝建立之初，就命周公姬旦制礼作乐，建立各种贵族生活中的礼仪和典礼音乐，雅乐便是祭祖、朝会、宴享、庆典等礼仪活动中所演奏的音乐。在这一时期，乐舞艺术的地位和作用也被提到了前所未有的高度。"雅乐"与法律和礼仪共同构成了周朝统治阶级的内外支柱。

"雅乐"的范围既包括远古图腾及巫术等宗教活动中的乐舞及祭祀音乐，也包含西周初期的民俗音乐。其代表作是"六代之乐"，即黄帝时的《云门》、尧时的《大成》、舜时的《大磬》、禹时的《大夏》、商汤时的《大濩》、周初的《大武》。此外，还有《诗经》中的"风""雅""颂"等等。

周朝的礼仪、祭祀等活动要求非常严格，规定不同的场面使用不同的音乐。它的主要目的是造成一种庄严、肃穆、安静的气氛，使参加典礼的贵族受到伦礼教育的感化。

掌管音乐的官署：乐府

很多乐府诗广为传颂，家喻户晓。比如，乐府民歌《木兰诗》《孔雀东南飞》《陌上桑》《燕歌行》等等。可以说我们对乐府诗并不是很陌生，但作为音乐机构的"乐府"，我们又了解多少呢？

"乐府"是古代掌管音乐的官署，最初始于秦代，到汉时沿用了秦时的名称，设立机构，其任务是掌管宴会、游行时所用的音乐，收集编纂各地民间音乐，进行演唱及演奏等。

魏晋之后，它的含义扩大。作为一种音乐机关，它的具体任务是：制定乐谱，诗歌配乐演唱，培养训练乐工，为统治者收集民间歌谣。后来，人们就把这一机构收集的诗歌，称为乐府诗，简称乐府。

"教坊"是什么机构

白居易的《琵琶行》中，琵琶女诉说自己的遭遇时，说："我本来是京城里的姑娘，家住在虾蟆陵附近。13岁就学会了弹琵琶，名字登记在教坊的第一部里……"这里的"教坊"是指什么机构呢？

教坊是唐代以来设置的训练和管理宫廷音乐表演人员的机构。唐代宫中的教坊，乐工有男有女，他们有专门的教师教授。唐代教坊是当时天下音乐舞蹈精华的荟萃之地，其中许永新、李龟年等人，蜚声艺坛，留下了不少传诵后世的风流佳话。

教坊里的乐工按色艺分成若干等级。平民家的女子，主要学弹琵琶、五弦、箜篌、筝等，称为"弹家"；一般的艺人称为"宫人"；技艺最高的艺人，称为"内人"。

北宋初年，宫中也设有教坊，并分为四部：大曲部、法曲部、龟兹部、鼓笛部。各部使用乐器不同，并有各自擅长演奏的曲目。到北宋政权崩溃时，教坊便随之而解散。南宋时，也设置教坊，根据乐工所擅长的技艺分为十三部，南宋教坊乐队规模较小，后也随着南宋的灭亡而解散。元明两代也都设有教坊，然而教坊的作用已远不能和以前相比了。清代时，"教坊"被废止。

歌、舞、乐一体的《霓裳羽衣曲》

《霓裳羽衣曲》是唐代歌舞的集大成之作，在开元、天宝年间曾经盛行一时，但"安史之乱"后，此曲流失。南唐后主李煜得到残谱后，凭着自己的音乐天赋，复原了失传大约二百年的《霓裳羽衣曲》。

《霓裳羽衣曲》相传由唐玄宗李隆基所作，他宠爱的贵妃杨玉环作舞表演。《霓裳羽衣曲》描写唐玄宗向往神仙而去月宫见到仙女的神话，其舞、其乐、其服饰都着力描绘虚无缥缈的仙境和舞姿婆娑的仙女形象，给人以身临其境的

艺术感受。全曲共三十六段，分散序（六段）、中序（十八段）和曲破（十二段）三部分，散序由磬、箫、筝、笛等乐器独奏或轮奏，不舞不歌；中序是一个慢板的抒情乐段，中间也有几次节奏快慢的变化，按乐曲节拍边歌边舞；曲破又名舞遍，是全曲高潮，主要以舞蹈为主，乐音铿锵，速度从散板到慢板再逐渐加快到急拍，结束时转慢，舞而不歌。

《霓裳羽衣舞》融歌、舞、器乐演奏为一体，被白居易称道为："千歌万舞不可数，就中最爱霓裳舞。"

十大古曲之一：《广陵散》

相传，魏晋时期"竹林七贤"之一嵇康最擅长弹奏《广陵散》，嵇康临刑时就是弹着《广陵散》飘飘然离开世间的。从此，这首古典琴曲名声大振。

《广陵散》是我国十大古曲之一。关于《广陵散》的出现年代，说法不一。但确定的一点是它至少在汉代已经出现。一般的看法是将它与《聂政刺韩王》琴由联系起来。关于此，蔡邕《琴操》记述得较为详细。

战国有一个制剑匠为韩王铸剑，因误了期限被韩王杀害，他的儿子聂政决心报仇。聂政进入深山，刻苦学琴，十年之后，琴艺妙绝。他就化装回到了韩国，利用为韩王演奏古琴的机会杀死了韩王，也献出了自己的生命。这是一曲歌唱复仇者的悲壮颂歌。后人觉得这首曲子名过于悲壮，便把《聂政刺韩王》改名为《广陵散》。

瞎子阿炳与《二泉映月》

著名音乐家贺绿汀曾说："《二泉映月》这个风雅的名字，其实与阿炳的音乐是矛盾的。与其说音乐描写了二泉映月的风景，不如说是深刻地抒发了瞎子阿炳自己的痛苦身世。"

的确如此，富有表现力的二胡独奏曲《二泉映月》自始至终流露的是一位饱尝人间酸甜苦辣的盲人的情感。

"瞎子阿炳"原名华彦钧，因患眼疾，在35岁时双目先后失明，人们从此便称他"瞎子阿炳"。阿炳失明之前常去无锡惠山之泉，那里被誉为"天下第二泉"，明月清泉之景曾经使他深深陶醉。但这次失明后，再回到故地，他已经无法再目睹美景。生活已极其坎坷凄凉，甚至卖艺一天仍不能解决温饱问题。种种辛酸的感受和对家乡景物的思念，触发他创作出情深意切、凄切哀怨的二胡曲《二泉映月》。

这首曲子共分六段。旋律时而如泣如诉，时而慷慨悲歌，于凄婉中见悲愤，于优美中见风骨，使聆听者的心灵无不为之震撼。世界著名指挥家小泽征尔赞誉其为"应该跪下来听"的"断肠之音"。

著名的琵琶曲《春江花月夜》

"春江潮水连海平，海上明月共潮生……江畔何人初见月，江月何年初照人……"张若虚这首《春江花月夜》简直使人如痴如醉，如梦如幻。可是还有一首和它同名的曲子，境界上与它比有过之而无不及，这便是唯美的《春江花月夜》。

《春江花月夜》是一首著名的琵琶曲，明清时就已流传了。1925年，此曲首次被改编成民族管弦乐曲，深受国内外听众的喜爱。

这首乐曲像极了一幅色彩柔和、清丽淡雅的山水长卷，引人入胜。全曲共分为十段。第一段为"江楼钟鼓"。夕阳映江面，微风拂来，江面上泛起层层涟漪。乐队齐奏出优美如歌的主题，乐句间同音相连，委婉平静；大鼓轻声滚奏，意境深远。第二、三段为"月上东山"和"风回曲水"。听其曲调如身临其境，见江风习习，花草摇曳，水中倒影，层叠恍惚。进入第五段"水深云际"，那种"江天一色无纤尘，皎皎空中孤月轮"的壮阔唯美的景色映入眼目。乐队齐奏，速度加快，犹如白帆点点，遥闻渔歌。第七段，琵琶用扫轮弹奏，恰似渔舟破水，掀起波涛拍岸的动态。全曲的高潮是第九段"欸乃归舟"，表现归舟破水，浪花飞溅，橹声"欸乃"，由远而近的意境。归舟远去，万籁皆寂，月夜下的春江静谧而唯美、迷人，全曲在悠扬徐缓的旋律中结束，使人沉迷于其中，回味良久。

托物言志的《梅花三弄》

自古以来，高洁的梅花被文人墨客所钟爱，他们写了不少咏梅的经典之作。而在音乐作品中，以梅花为题材的曲子也相当多，在众多的咏梅曲中，古琴曲《梅花三弄》堪称咏梅一绝。

《梅花三弄》又名《梅花引》《玉妃引》，是我国古琴音乐中保存下来年代较早的一首作品，此曲结构上采用循环再现的手法，重复整段主题三次，每次重复都采用泛音奏法，故称为《梅花三弄》。

《梅花三弄》全曲通过前后两个部分并运用各种对比手法，描绘了梅花的静态美和动态美，音声清幽，借物咏志，实际上是用音乐来表达心境。《梅花三弄》全曲由引子、静态梅花、动态梅花和尾声组成。

引子在节奏上兼具平稳舒缓和跌宕起伏的双重因素，音调轻柔，精练地概括了全曲的基本特征：一剪寒梅傲立于风霜之中。乐曲的静态梅花部分主要采用循环再现的手法，随着主题的三次呈现，刻画了一种非常细腻的音乐意境：仿佛梅花在微风的吹拂下轻轻晃动，恬静而端庄。乐曲的动态梅花部分，旋律大起大落，节奏刚劲有力，营造出一种风雪交加的意境，同时把全曲推向了高潮：梅花香自苦寒来，梅花与风雪的搏斗，昭示一种不折不挠的精神，一种傲对人生的境界。乐曲的尾声在轻松自如的气氛中结束，梅花绽放于风雪之中，香溢人间。

伴着这悠扬的琴声，听者无不为之倾倒，崇敬之情留存心间：真情像梅花开遍，冷冷冰雪不能淹没，就在最冷枝头绽放，看见春天走向你我。联想到今天，每个人要实现自己的人生价值和理想追求，同样需要具有梅花的高贵品格，刻

苦学习，辛勤工作，正确对待个人荣辱，百折不回，傲然不屈，坚惹执着，长远规划，科学发展，实现人生价值。

这首乐曲实际上是通过歌颂梅花与风雪、严寒顽强斗争的性格，来赞誉那些具有高尚情操之人，在一定程度上也反映了古人那种超脱尘世、孤芳自赏的思想感情。

古琴名曲《高山流水》

相传，两千多年前的音乐大师俞伯牙在遇到知音钟子期时，灵感闪现，谱琴一曲——《高山流水》。

这首琴曲有些"曲高和寡"，虽然不少人钟爱这首曲子，可是很少人能听出曲中之意。《高山流水》乐谱最早见于明代《神奇秘谱》，此谱之《高山》《流水》解题有："《高山》《流水》二曲，本只一曲。初志在乎高山，言仁者乐山之意。后志在乎流水，言智者乐水之意。至唐分为两曲，不分段数。至宋分《高山》为四段，《流水》为八段。"这个解题一方面道出了这首古琴名曲的曲中真意，另一方面也说明了它的历史演变。

明清以后，《高山》《流水》有了很大变化。现在人们所听到的《流水》是清代张孔山改编而成的，增加了以"滚、拂、绰、注"手法弹出流水声的第六段，又称"七十二滚拂流水"，形象鲜明，情景交融，生动地描绘了流水奔腾澎湃的各种动态，为后世广为流传。

《阳春白雪》与《下里巴人》

时下，人们用"下里巴人"比喻通俗的文学艺术，用"阳春白雪"来比喻高深的文学艺术。其实，"下里巴人"和"阳春白雪"原是两首古典曲名。

《文选·宋玉〈对楚王问〉》中记载："客有歌于郢中者，其始曰《下里》《巴人》，国中属而和者数千人。其为阳阿薤露，国中属而和者数百人。其为《阳春》《白雪》，国中属而和者，不过数十人。引商刻羽，杂以流徵，国中属而和者，不过数人而已。是其曲弥高，其和弥寡。"意思也就是说《阳春白雪》与《下里巴人》都是源于楚地的音乐，但《下里巴人》，比较通俗，在民间比较流行；而《阳春白雪》则比较高深，曲高和寡。

"阳春白雪"与"下里巴人"虽然一个高雅深奥，一个活泼通俗，但都是真情实感的自然流露。"下里巴人"对后世的影响更大一些。广为大家所熟知的《竹枝词》就是在《下里》《巴人》这样的歌曲上衍变而来的，并在一定程度上丰富和发展了"下里巴人"的艺术形式和艺术风格。

蔡文姬与《胡笳十八拍》

蔡邕是当时著名的文学家、书法家和音乐家。在父亲的

熏陶下，蔡琰自幼爱好音乐，并有较深的造诣。

蔡琰在匈奴生活了十二年，后来曹操得知早年的好友蔡邕之女蔡琰在匈奴，便派使臣用重金赎回蔡琰，而她的两个年幼的儿子却不得不留在匈奴。这段史实，被后人称为"文姬归汉"。蔡琰归汉后，悲叹自己命运多舛，如今虽然回到故国，却永远见不到自己的两个儿子了。在这种处境下，蔡琰写下了流传于世的《胡笳十八拍》。

蔡琰在《胡笳十八拍》中将汉、胡音乐完美地融合在一起，从而使《胡笳十八拍》成为古代少有的汉族与少数民族音乐相结合的结晶。郭沫若曾称赞《胡笳十八拍》："那像滚滚不尽的海涛，那像喷发着熔岩的活火山，那是用整个灵魂吐诉出来的绝叫。""是一首自屈原《离骚》以来最值得欣赏的长篇抒情诗。"

《胡笳十八拍》是蔡琰根据匈奴乐器胡笳的特点而创制的曲子。胡笳是一种吹奏乐器，汉代在塞北和西域一带广为流传。现存《胡笳十八拍》有琴曲与琴歌两种。琴曲作者佚名，琴歌作者为诗人蔡琰，即蔡文姬。

该曲18段，每段歌词不等，因此与之相配合的音乐也长短不一。音调哀婉凄楚，表现了文姬对故国和幼子之间难以取舍的悲怨之情，催人泪下。

【外国部分】

被称为"艺术之母"的舞蹈

舞蹈被称为"艺术之母",从这一称谓可看出,舞蹈在很久以前就已经出现了。那么,舞蹈可以追溯到什么时期呢?

关于这个问题,至今尚无定论。但是,从欧洲某些史前洞穴壁画中已出现裸体的舞蹈形象来推断,在史前,舞蹈已经存在,并有了一定程度的发展。因而,一些艺术家认为舞蹈是与人类同时诞生的。

人类在没有学会说话,也没有发明文字之前,传递思想感情的信息靠的是人体动作。这种与人的心理和生理活动有着紧密联系的"无声语言",既是人类最先使用的交往手段,也是人类用形体动作来表达语言的一种本能。

在原始社会中,并不存在专门的舞蹈者,人们的舞蹈是集体的创造活动,参加者是全族的成员。大家聚在一起舞蹈,是为了庆贺劳动的收获或战争的胜利。后来,舞蹈由简单的传情达意和原始崇拜中的模仿,逐渐用于祭祀,最后成为"源于生活又高于生活"的带有欣赏性的表演。

美丽动人的芭蕾

众所周知的芭蕾舞《天鹅湖》以优美动人且极具诗意与

表现力的舞姿迷倒了无数观众，甚至使很多人成为芭蕾舞的忠实粉丝，并投身于芭蕾的行列。芭蕾舞可真是一门诱人的舞蹈。

芭蕾舞起源于15世纪的意大利。当时，宴会中间常常穿插舞蹈表演，祝酒时，舞者会舞古希腊浊酒女神浊酒的场景；端来海味时，舞者则舞海神美丽的身姿……

在路易十四时期，芭蕾舞已经传到法国，并在宫廷生活里占据着重要地位。路易十四宣布允许职业舞蹈家演出贵族芭蕾。之后，出现了第一批专业的芭蕾女演员。起初，女演员穿的是拖到地板上的长裙，动作拘束，所以舞剧以男演员为主。后来，女明星卡玛尔戈大胆地把舞裙缩短到脚踝之上，显示了她快速击打双腿的功夫。从18世纪中叶始，芭蕾舞逐渐以女演员为主，男演员则退居到次要地位。

19世纪初，芭蕾舞在题材、表演技巧、形式等方面均有了重大突破，迎来了芭蕾舞的又一个黄金时代。这时，脚尖舞技巧逐渐成为女演员的主要表演手法。受当时浪漫主义文化思潮的影响，欧洲各国芭蕾的发展更加注重民族精神和气质的表现，形成了许多不同风格的芭蕾学派，如意大利学派、法国学派、俄罗斯学派等。

到了20世纪，芭蕾舞的发展中心逐渐由意大利和法国移至俄罗斯。而在欧美一些国家，现代芭蕾舞呈现出蓬勃发展的势头，从而为芭蕾艺术的发展注入新的生命力。

"黑人味" 浓郁的踢踏舞

一般的舞蹈都是用眼睛来欣赏的，可是有一种舞蹈却是用耳朵来听的，它便是踢踏舞。

踢踏舞的英文名称是"TAP DANCE"，也就是拍打敲击的意思。这种舞蹈形成于20世纪20年代的美国，在此之前，爱尔兰移民和非洲奴隶把自己民族的舞蹈带到了这块土地上，这些舞蹈逐步融合，形成了新的舞蹈形式——踢踏舞。

这种舞蹈整体舞风比较朴实、散漫。它在形式上没有什么程式化的限制，自由而开放。舞者不注重身体的舞姿，而是炫耀脚下打击节奏的复杂技巧，他们常常聚在街头比赛。后来在长期的发展中，这种舞蹈不断受到诸多因素的影响。比如说美国西部牛仔的影响，黑人传统击鼓节奏的影响，等等，其中最重要的影响可能是爵士乐。踢踏舞吸收了爵士乐音乐节奏、即兴表演等元素，它在形式上更加自由，并富于自娱性。代表美国的"黑人味"浓厚的踢踏舞流派便是这样形成的。

"音乐神童" 莫扎特

有着"音乐神童"之称的莫扎特出生在一个音乐世家，他的父亲是个出色的小提琴演奏家。莫扎特3岁开始学习钢琴，4岁就能记住许多曲谱，5岁便开始自己作曲，6岁跟随父亲到欧洲旅行演出，当时轰动了整个欧洲。

这个音乐天才莫扎特，还当上了宫廷乐师。在受到王公贵族的赞赏的同时，也尝尽了上层社会的轻蔑与冷漠，后来，他毅然辞去乐师职位，不再任人摆布，勇敢地成为奥地利第一位自由作曲家。

莫扎特只活了36岁，却对欧洲古典音乐的发展起了巨大的推动作用。作为欧洲维也纳古典乐派的代表人物、钢琴协奏曲的奠基人、欧洲歌剧史上四大巨子之一，他一生创作相当丰富，共创作了二十二部歌剧、四十一部交响乐、四十二部协奏曲、一部安魂曲，以及奏鸣曲、宗教音乐等。

莫扎特创作的音乐优美、欢乐，而又不乏悲伤的色彩。他的音乐深刻地反映了时代的精神，在当时具有极大的进步意义。

西方"乐圣"贝多芬

古今中外，有两个被称为"乐圣"的人，他们便是中国的李龟年和外国的贝多芬。

贝多芬是德国伟大的作曲家，是维也纳古典乐派代表人物之一，他在世界古典音乐的发展史上有着举足轻重的地位。

贝多芬一生充满坎坷，他终身未娶，26岁就丧失了听力，但他凭着对生活和音乐的热爱，战胜了命运的不公。他仍然以顽强的毅力投入到创作中去。世界古典音乐史上的不朽之作《第九交响乐》，就是贝多芬在完全丧失听觉以后创作的。

贝多芬并不像大多数音乐家那么幸运。他直到30岁时，才举行了首次个人音乐会，从而确立了自己作为音乐家的地位。

贝多芬创作的音乐内容丰富，充满了对自由、平等、博爱的向往，集中体现了那个时代人民的痛苦和欢乐、斗争和胜利，同时也体现了他坚毅的性格，反映了那个时代的精神风貌。贝多芬的音乐在艺术上勇于创新、敢于变革，在古典音乐史上起到了承前启后、继往开来的作用，因此，人们尊称他为"乐圣"。

肖邦："浪漫主义钢琴诗人"

欧洲有一个伟大的作曲家、钢琴家被誉为"第二莫扎特"，这个人便是波兰鼎鼎有名的"浪漫主义钢琴诗人"肖邦。

肖邦从小十分喜爱波兰的民间音乐。他6岁学钢琴，7岁学作曲，8岁便登台演出，16岁时进华沙音乐学院，18岁就已经是小有名气的钢琴家和作曲家，20岁时离开波兰，流亡国外。这期间，肖邦在钢琴演奏方面和音乐创作方面都取得了惊人的成就，很多名曲就是在这时写成的。

肖邦在巴黎的岁月，亲眼看到祖国波兰被沙皇蹂躏，所以，肖邦这时期的很多作品都反映了他忧国忧民的博大胸怀。思乡情、亡国恨，时常在他的作品里流露出来。当沙俄

授予他"俄国皇帝陛下首席钢琴家"的职位时，这个爱国艺术家断然拒绝。1849年，肖邦病逝于巴黎。临终前，他仍然念念不忘自己的国家，还嘱托亲人把自己的心脏带回波兰。

肖邦的创作满怀炽热的爱国之情。当他客居国外，听到华沙起义失败的消息，当即写成了《革命练习曲》，用来寄托对于祖国的思念。肖邦的钢琴曲多具有独创性、民族性，旋律悠长细致、节奏极具伸缩性，和声的音响清澈晶莹，体现出抒情性的诗意。他的创作以钢琴曲为主，还涉猎各种舞曲、幻想曲、前奏曲、奏鸣曲等。他的音乐独树一帜、激昂雄壮、气势磅礴，为欧洲的浪漫主义音乐增光添彩，因此，后人称他为"浪漫主义钢琴诗人"。

"俄罗斯音乐之魂"柴可夫斯基

在俄罗斯，有一个音乐家被誉为"俄罗斯音乐之魂"，他便是伟大的作曲家柴可夫斯基。

柴可夫斯基出生在俄国维亚特斯基省的一个贵族家庭，10岁开始学习钢琴和作曲，23岁在彼得堡音乐学院学习，毕业后到莫斯科音乐学院任教。之后，他辞职专门从事音乐创作。

柴可夫斯基一生创作了很多作品。最著名的有《黑桃皇后》《天鹅湖》《叶甫盖尼·奥涅金》《睡美人》《胡桃夹子》及幻想序曲《罗密欧与朱丽叶》等。

柴可夫斯基的音乐注重刻画人的心灵，真挚、热忱，充满感人的抒情性，同时又带有强烈的、震撼人心的戏剧性。他的音乐旋律具有俄罗斯民族那种特有的风格，他的和声浓重、丰满，有着难以言传的魅力。柴可夫斯基的音乐以深刻的思想内容和高度的艺术性，成为人类音乐宝库中的珍品。因而柴可夫斯基被誉为"俄罗斯音乐之魂"。

《国际歌》是怎么来的

《国际歌》可谓早已深入人心，它的格调雄壮而震撼人心，充满英雄主义与民族解放的激情。可是，你知道《国际歌》的来历吗？

法国工人阶级于1871年3月28日在巴黎正式建立了世界上第一个无产阶级政权——巴黎公社。但不久，革命失败。无数的无产阶级遭到血腥屠杀。这时候，公社战士、群众爱戴的诗人欧仁·鲍狄埃，奋笔疾书，写下了这首鼓舞人心的《国际歌》歌词。狄盖特连夜为这首诗谱曲，并亲自指挥"工人之歌"合唱团合唱《国际歌》，很快这首革命的战歌传遍了法国。

1896年，法国工人群众唱起《国际歌》与反动者的《马赛曲》对唱，最终以汪洋之势，淹没了《马赛曲》。这一事件引起了巨大的轰动效应，从此，《国际歌》成为全世界无产阶级的战歌。

1920年，瞿秋白首次把《国际歌》译成中文。1923年，《国际歌》开始在中国传唱。由于各国的语言不同，因此译

成的《国际歌》不尽相同，但最后一句"英特纳雄耐尔就一定要实现"却不约而同地都按法文拼音直译。因为这最后一句是整首歌曲的主题，它唱出了全世界无产阶级的心声。

施特劳斯与《蓝色多瑙河》

有"圆舞曲之王"美名的约翰·施特劳斯一生创作了一百多首圆舞曲，其中《蓝色多瑙河》是众多圆舞曲中最有名的一首。

现在人们常听到的《蓝色多瑙河》是一首管弦乐曲。其实，它最初是作为一首男声合唱曲写成的。这首曲子写于1867年，当时，"合唱协会"的指挥赫尔柏克请求约翰·施特劳斯为"合唱协会"创作一首以多瑙河为主题的合唱圆舞曲。

多瑙河对于施特劳斯来说，如同母亲一样的亲切、熟悉。他经常漫步于多瑙河两岸，欣赏如画的风光，常常因此流连忘返。他更喜欢阅读诗人们赞美多瑙河的诗篇。所以，他很愿意创作这样一首曲子。约翰·施特劳斯把自己的感受讲给友人格涅尔听。这位诗人很快写下一首歌颂多瑙河的诗歌。施特劳斯随即谱曲。那天，他忘了带谱纸，于是在自己的衬衫袖子上匆匆记下乐谱。

这首圆舞曲问世之初，并没有引起多大的反响，直到作曲家本人把它改编成管弦乐曲之后，人们才逐渐注意到它，并且疯狂地喜欢上它。在奥地利，不一定人人都会唱国歌，可是，却没有一个人不知道约翰·施特劳斯的《蓝色多瑙河》。

贝多芬的《献给爱丽丝》

贝多芬给我们的印象一向是比较强悍的，这或许是因为他一生经历的磨难太多，总在不断地与命运抗争吧。让我们用心去倾听他的《献给爱丽丝》，感受他心灵中浪漫的一面吧。

钢琴曲《献给爱丽丝》是贝多芬为数不多的器乐小品中最出名的一首。这首曲子饱含他对爱情的憧憬与向往。

贝多芬一生没有结过婚，但是，他也曾经期盼过一个理想的爱人。因此，在贝多芬的生活中也有些浪漫色彩的故事流传。贝多芬将近40岁时，教了一个名叫特蕾泽·玛尔法蒂的女学生，他深深地爱上了她。在心情非常甜美的情况下，他写了一首《A小调巴加泰勒》的小曲赠给她。贝多芬还在乐谱上题上了"献给特蕾泽"这样几个字。以后，特蕾泽一直保留着这份乐谱。

但在贝多芬逝世以后，在他的作品目录中，并没有发现这支曲子。之后，德国音乐家诺尔在特蕾泽·玛尔法蒂的遗物中，发现了这首乐曲的手稿。在这首乐曲出版时，诺尔把曲名错写成《献给爱丽丝》。从此，这首曲子便被称为《献给爱丽丝》了。

这首曲子的主题是描绘了特蕾泽温柔、美丽的形象。她在这支曲子里先后出现了十六次，因此，给人以极为深刻的印象。细细品味，好似贝多芬有许多亲切的话语正向特蕾泽诉说。后半部分则犹如二人亲切地交谈，最后，乐曲在非常优美和温柔的氛围中结束。

第六章

经典戏剧与曲艺
——舞台上的多味人生

【中国部分】

广为流传的京剧

众所周知，京剧是我国的国粹，如果要说起京剧的来历，那可要追溯到二百多年前的乾隆年间了。

1790年，乾隆皇帝庆祝80大寿，召集全国各地著名的戏班进京贺演。寿庆之后，三庆、四喜、春台和春四大徽班的精彩表演受到大众的喜爱，乾隆留他们在京献艺。

1830年，湖北楚调（汉剧）也进入北京，汉剧与徽剧出于同源，因而时常合班演出。汉剧以西皮调的唱腔为主，徽戏以二黄调为主，这两种腔调同台演出，相互取长补短，并不断汲取当时流入北京宫廷和民间的秦腔、弋腔、乱弹和昆曲等戏曲的精华部分，同时又根据观众的要求和北京的语言特点，创造出全国各地都能听懂的戏曲语言——韵白。这样京剧便逐步形成了自己的独特风格。

同治、光绪年间，京剧已在全国盛行开来，它成为中国最大的戏曲剧种。其剧目之丰富、剧团之多、观众之多、影响之大均在其他戏曲之上。

京剧形成之初，老生最受重视，出现了"老生三杰"：程长庚、余三胜、张二奎。到了民国初，旦角开始受到重视，出现了"四大名旦"：梅兰芳、程砚秋、荀慧生、尚

小云。

京剧和其他剧种相比，更突出戏曲集中、概括和夸张的特点，表演时色彩感和节奏感更强，形成了唱、做、念、打等一套独特的风格体系。

中国最古老的戏曲形态：昆剧

昆曲原名"昆山腔"，是我国古老的戏曲声腔、剧种，清朝起，始称"昆曲"，现在人们普遍称其为"昆剧"。说起昆剧起源，还要追溯到元末。

宋、元以来，中国戏曲有南、北之分，同一种戏曲，地方不同，唱法也就不同。当时，南曲就是一个典型的例子。元朝末年，顾坚等人把流行于昆山一带的南曲加以改进，称之为"昆山腔"，这就是昆曲的雏形。

明朝嘉靖年间，戏曲音乐家魏良辅对昆山腔进行了大刀阔斧的改造，他吸取了海盐腔、弋阳腔等南曲的长处，发挥昆山腔自身特点，运用北曲的演唱方法，以笛、箫、笙、琵琶等乐器伴奏，造就了集众家优点于一身的昆腔。

昆山人梁辰鱼在前人的基础上，对昆腔做了进一步改进。他还编写了第一部昆腔传奇《浣纱记》。这部传奇的上演，极大地扩大了昆曲的影响。昆腔遂与余姚腔、海盐腔、弋阳腔并称为"明代四大声腔"。

明末清初，昆曲又发展成为全国性剧种。从此昆曲开始独霸梨园，成为现今中国最古老的戏曲形态。昆曲还被联合国教科文组织命名为"人类口述遗产和非物质遗产代表作"。

妙趣横生的皮影戏

皮影戏是一种用光照射人物剪影来表演故事的戏剧，大约诞生于西汉时期，又称"羊皮戏""灯影戏""图影戏"。它发源于我国的陕西，但清代时，在河北一带颇为盛行。

"皮影"顾名思义，它是用皮革做成的，其中又以牛皮和驴皮的材质为佳。上色时主要使用红、黄、青、绿、黑五种透明颜料。正是由于这些特殊的材质，使得皮影人物及道具在后背光照耀下投影到布幕上的影子显得晶莹剔透，具有独特的美感。

皮影戏多沿袭传统戏曲的习惯，人物也分为生、旦、净、末、丑五个类别，并且唱腔、剧目上和地方戏曲相互影响。不少地方戏曲剧种都是从皮影戏中派生出来的，而皮影戏的表现艺术多和地方戏曲类似。

在皮影戏的发展过程中，根据流行地区、演唱曲调和材质的不同，皮影戏形成了很多类别和剧种。其中以河北唐山一带的驴皮影和西北的牛皮影最为著名。

"自唱自乐" 的黄梅戏

黄梅戏是一种"自唱自乐"的民间艺术形式，也是一个广泛为老百姓所喜闻乐道的剧种。

黄梅戏早期叫"黄梅调"，因主要曲调起源于安徽怀宁黄梅山而得名。在旧时，黄梅山一带是荒州穷县，有不少以卖艺为生的民间艺人，他们往往走街串巷，摆场说唱。

约在清朝乾隆年间，这些民间艺人以大别山的采茶歌、推歌和江湖上流行的渔歌等花腔小调为基础，创造了一种新的形式，因其婉转流畅，优美动听，易学易唱，很快由黄梅山一带传向周围地区。以后，在黄梅采茶调的基础上，形成以演唱"两小戏""三小戏"为主的民间小戏。后又吸收"罗汉桩"说唱艺术，并受青阳腔和徽调的影响，逐渐发展成一个独树一帜的剧种。

黄梅戏的代表剧目主要有：《天仙配》《牛郎织女》《女驸马》《孟丽君》《夫妻观灯》《打猪草》《玉堂春》等。

颇具民间气息的 "秧歌戏"

在我国北方，逢年过节，大街上的秧歌队载歌载舞扭着秧歌，为节日增添了不少热闹和喜庆的氛围。秧歌这种戏剧

形式到底是怎么来的呢？

秧歌戏，又称秧歌剧，它是我国北方比较流行的一种民间戏曲。它起源于宋代农民在田间地头劳动时所唱的歌曲，即"村田乐"，距今已经有一千多年的历史了。

在流传的过程中，它不断与民间舞蹈、杂技、武术等表演艺术相结合，在每年的正月社火时演唱带有故事情节的节目，叫"闹秧歌"。在这个过程中，逐渐孕育和形成了秧歌戏，也就是由小旦、小丑等扮人物、唱小曲。

清代中叶，一些地方的秧歌戏在不同程度上借鉴和吸收了当地梆子戏的一些表演成分，逐渐向地方大戏演变。

抗日战争时期，各个抗日根据地积极开展新秧歌剧运动，改革了秧歌戏的音乐、表演、装扮，创造出了一种新的戏剧形式——新歌剧。中华人民共和国成立后，各地的秧歌得到不同程度的发展。

浪漫主义特技：川剧变脸

川剧最为精彩之处是它的"变脸"，其实这种"变脸"是川剧艺术中揭示剧中人物内心矛盾冲突的一种浪漫主义特技。

川剧，顾名思义，是产生于四川的一种戏剧形式。自古以来，成都便是戏剧之乡，早在唐代就有"蜀戏冠天下"的说法。清代乾隆时在本地车灯戏的基础上，吸收融汇苏、赣、皖、鄂、陕、甘各地声腔，形成了含有高腔、胡琴、昆

腔、灯戏、弹戏五种声腔的用四川话演唱的"川剧"。

川剧第一个把"变脸"搬上了舞台，用绝妙的技巧使它成为一门独特的艺术。川剧变脸的手法大体上分为三种：抹脸、吹脸、扯脸。

"抹脸"是将化妆油彩涂在脸上特定部位，然后用手整体涂抹，便可变成另外一种脸色。如果要全部变，则油彩涂于额上或眉毛上；如果只变下半部脸，则油彩可涂在脸或鼻子上；如果只需要变某一个局部，则油彩只涂要变的位置即可。如《白蛇传》中许仙的变脸采用的就是"抹脸"的手法。

"吹脸"是在舞台的地面上摆一个很小的盒子，内装粉末，演员到时做一个伏地的舞蹈动作，趁机将脸贴近盒子一吹，粉末扑在脸上，即刻变脸。《治中山》中的乐羊子等人物的变脸，采用的便是"吹脸"的方式。

说起"扯脸"，则稍微复杂一点儿。它是事前将脸谱画在一张一张的绸子上，剪好，每张脸谱上都系一把丝线，再一张一张地贴在脸上。丝线则系在衣服的某一个顺手而又不引人注目的地方。随着剧情的进展，在舞蹈动作的掩护下，一张一张地将它扯下来。如《白蛇传》中的钵童，可以变绿、红、白等七八张不同的脸。

元杂剧《感天动地窦娥冤》

元杂剧作家关汉卿所作的《感天动地窦娥冤》（现简

称《窦娥冤》），取材于《汉书·于定国传》和干宝《搜神记》中的《东海孝妇》。这个戏剧至今仍有其独特的艺术魅力，其根本原因在于它是当时社会现实的写照，并通过窦娥来传达劳动人民的心声。

《窦娥冤》叙述了窦娥悲惨的一生。窦娥幼年时，家境相当贫困。因其父科考需要钱，就把她卖给蔡家做童养媳，婚后丈夫夭亡，婆媳相依为命。赛卢医欠蔡母钱，蔡母向他讨债时，被他骗到郊外，企图谋害，恰遇张驴儿及其父救下蔡母，蔡母为感谢救命之恩，好生款待这父子俩。哪知竟是引狼入室，父子强逼婆媳嫁给他二人，窦娥不从，张驴儿阴谋毒害蔡婆，不想却害死自己的父亲，转而诬陷窦娥。窦娥为了婆婆，在官府的严刑逼供下屈打成招，被判处斩刑。临刑前，窦娥发下三条毒愿：一要在刀过头落后，颈血飞溅丈二白练之上；二要六月飞雪，掩盖她的尸体；三要当地大旱三年。后来窦娥的这三条誓愿一一应验。三年后，其父窦天章出任廉访使，直到此时，窦娥的冤情才得以昭雪。

《西厢记》：讴歌美好爱情

郭沫若曾说："《西厢记》是最完美的、最绝世的，是超过时空的艺术品，有永恒而且普遍的生命……它是有生命之人战胜无生命之礼教的凯旋歌、纪念塔。"郭沫若给《西厢记》的评价可谓一语中的。

《西厢记》是由元代王实甫根据传统题材改编而成。王

实甫绘声绘色地为读者讲述了男女主人公张生和崔莺莺之间相知、相爱、相惜，又为了爱情不懈斗争，最终取胜的过程。

剧中男女主人公的爱情可谓自然动人，它由内心而生发，没有掺杂一点杂质。莺莺与张生在普救寺香火院的佛殿之上邂逅，二人一见钟情，于是便各自吟诗向对方吐露心迹。张生一天到晚神魂颠倒，希望能和莺莺亲近，莺莺则每日茶饭不思，但又不敢让人知道。这时，莺莺突然遇到孙飞虎抢亲事件，在张生的帮助下，莺莺得以安然无恙。老夫人亲口许婚，二人暗喜。然而，老夫人临时变卦，不承认婚约，使二人同时陷入痛苦当中。张生病倒，在红娘的帮助下，他月夜操琴，私通款曲，感动莺莺之心。莺莺最终摆脱了封建道德观念的束缚，大胆地追求爱情。

王实甫借助莺莺与张生的故事，提出了以"有情"作为婚姻基础的观点，把门第、财产、权势、"父母之命，媒妁之言"这些封建礼教统统抛于脑后，由衷地讴歌了青年男女发自内心的爱情。

《西厢记》由于思想上和艺术上的别具一格，一经问世，便迅速流传开来，成为元杂剧中经久不衰之作。

历史剧杰作：《破幽梦孤雁汉宫秋》

"枯藤老树昏鸦，小桥流水人家，古道西风瘦马。夕阳西下，断肠人在天涯。"马致远的这首《天净沙·秋思》千古流传，唱出了一代代游子的乡愁。当然，马致远的作品远不止这一首，《破幽梦孤雁汉宫秋》这出著名的历史剧也是他的杰作。

《破幽梦孤雁汉宫秋》现在一般简称为《汉宫秋》。马致远是在《王昭君变文》的基础上，汲取历代文人的小说、诗篇及其他文学题材的精华，来构思该作品的人物及情节的。

在这部剧作中，马致远让汉元帝成为《汉宫秋》的主人公，汉元帝既是这一政治事件的始作俑者，也是这场悲剧的根源。作品主要讲述西汉元帝时，由于西部受匈奴威胁，不得不将自己的爱妃王昭君送给呼韩邪单于，以解除匈奴的威胁。而王昭君身在匈奴，心思乡国，愁肠百结，最终在汉匈交界的黑龙江投水自尽。至此，是整部剧作的高潮和结局，王昭君的慷慨取义既达到了汉朝与匈奴和好的目的，又保全了她的民族气节以及对汉元帝的忠贞。在此剧作中，作者对以汉元帝为首的封建王朝统治阶级进行了辛辣的讽刺，而对于王昭君则给予了深切的同情和高度的赞扬。

明代传奇佳作《牡丹亭》

《牡丹亭》是明传奇的代表作品。它是汤显祖根据话本《杜丽娘记》改编而成的。在话本中，杜丽娘还魂后，门当户对的婚姻顺利缔成；而在戏曲中，汤显祖将传说故事同明代社会的现实生活结合起来，使这出戏剧焕发出反礼教、追求个性自由的精神。

女主角杜丽娘从小受三从四德的教育。一次，在婢女的怂恿下，她偷偷地走出闺房，私出游园，触景生情，困乏后梦中与书生柳梦梅幽会，从此一病不起，怀春而逝。他的父亲升官离任时，在她的墓地上造了一座梅花观。柳梦梅赴京科考，晚上在观中借宿，恰好拾到杜丽娘的自画像，并与画中人阴灵幽会，掘开棺木，使得杜丽娘起死回生。他们结为夫妻，同往临安。科考过后，适逢金兵入侵宋朝，柳梦梅找到杜丽娘的父亲杜宝，本是想禀告杜丽娘还魂这件喜事，却被杜宝囚禁。金兵撤退之后，柳梦梅由阶下囚摇身变为状元，杜宝拒不承认女儿婚事，最终这件事闹到皇帝面前，才使得杜刘二人终结连理。

作者在《牡丹亭》中，通过杜丽娘与柳梦梅的爱情故事，揭露了封建礼教对美好爱情的摧残，强烈地表达了当时青年男女要求个性解放，追求爱情、婚姻自主的浪漫主义理想。

《桃花扇》写兴亡之感

考试的时候，经常会出现一道压轴题。这道题分数往往比较高，也比较有难度，是对考生综合能力的考核。压轴戏和我们的压轴题有些类似，它可以称得上戏剧中的一个高潮和巅峰。在精彩纷呈的明清戏剧中，《桃花扇》被称为明清传奇戏曲的压卷之作。那么，它凭借什么得来这样的名声呢？

　　《桃花扇》为清代孔尚任所作，为传奇剧本。这个剧作是作者历经十余年，三易其稿而成的。作者意在"借离合之情，写兴亡之感"，通过侯方域和李香君曲折的爱情来表现南明覆亡的社会历史内容。

　　侯方域在南京旧院结识李香君，二人一见钟情，共订婚约，阉党余孽阮大铖得知侯方域手头拮据，暗送妆奁用以拉拢。聪明的李香君识破奸人的圈套，阮大铖为此怀恨在心。南明建立后，阮大铖诬告侯方域，迫使他逃离南京。得势的阮大铖欲强迫李香君改嫁党羽田仰遭拒，香君宁死不从，以头撞地，血染定情扇子，友人杨龙友将扇上血迹点染成折枝桃花，故名桃花扇。清兵南下，南明灭亡，昏君奸臣出逃，侯方域出狱后与李香君相遇于白云庵，但国已破，何为家？在张道士的点拨下，他们撕破桃花扇，分别出家。

　　剧本热情歌颂了侯方域和李香君等志士敢于和权奸做斗争的高尚气节和爱国情感，同时，也寄托了作者的亡国之痛和故国之思。

【外国部分】

繁荣一时的古希腊戏剧

你听说过为了鼓励人们去观看戏剧，甚至会给观众发放"观剧津贴"的政府吗？告诉你，在距今约两千四百年前的爱琴海附近的古代希腊，当时的政府就经常做这样的事。

那时，古希腊已经有了戏剧，这是世界上最早出现的戏剧。当时政府为了鼓励人们看戏剧，常常给人们发"观剧津贴"，于是成千上万的观众涌到剧院去观看演出，其中的优秀之作还能获奖。

古希腊早期的剧场十分简陋，在一个夯打过的硬土地上修些台阶，再加上一个木板，舞台便搭好了。前4世纪，一种新式的剧场出现了，它没有屋顶，呈半圆形，用石头建成，观众席呈阶梯状，而且坡度较大，希腊人称这种剧场为圆形剧场。

演员们在剧场中央表演，观众则坐于观众席上观看演出。除了主要演员，在古代希腊戏剧中还有一支载歌载舞的合唱队，随时评论剧中发生的事情。古代希腊戏剧中的所有角色都是由男子扮演。在同一部剧中，一个演员可以同时扮演几个角色。演员们在演出时戴着面具，脚上穿着厚底鞋。古代希腊的戏剧演员都是专业的，社会地位很高。

今天，在希腊，依然有一些圆形剧场的遗迹，它仿佛在向世人展示古希腊戏剧曾经拥有的繁华与辉煌。

英国最伟大的剧作家莎士比亚

西方文艺复兴时期，英国出现了一位最伟大的剧作家和人文主义思想的代表人物——莎士比亚，他在戏剧界可是一个响当当的大人物。

英国的戏剧创作在16世纪后半叶起，呈现出一种繁荣的局面。在这一时期，英国最伟大的剧作家莎士比亚共创作了三十七部戏剧，题材涉及面很广，从谋杀、战争到爱情等，可谓包罗万象。他以奇伟的笔触形象，深入地刻画了英国封建制度走向衰落和资本主义原始积累的历史转折期的社会状况。

莎士比亚经常用诗体语言写作戏剧，他笔下有些人物要说出一段段很长的台词(称为独白)，向观众倾诉自己的内心世界。莎士比亚的剧作也非常注重情节的设置，马克思和恩格斯曾称赞莎士比亚剧作情节丰富，浑然一体，赞许他历史剧中的"福斯塔夫式背景"。

在莎士比亚死后的四百年间，欧洲大小剧院几乎每天都在上演他的剧作。今天英国人非常高兴地看到，莎士比亚的戏剧作为英国文化的宝贵遗产，其作品已被翻译成多种文字，在世界各地广为流传，有不少经典作品还被搬上银幕。

"孪生姐妹"音乐剧和歌剧

音乐剧和歌剧如同一对孪生姐妹，有很多相同的地方，也有着截然不同的性情。

音乐剧是一种独特的戏剧表现形式，它往往集音乐、舞蹈、表演为一体。音乐剧又被称为"音乐喜剧"，它曾经一度被认为是美国的"专利"，这是因为纽约的百老汇是音乐剧的演出胜地之一。20世纪初，美国音乐家吸收了欧洲歌剧的诸多元素，并在美国本土的流行音乐、歌舞杂耍表演、儿童剧的基础上创造出了这一戏剧表现形式。它具有激发情感、给人启示的特点。它也可以说是一种年轻的音乐艺术。

歌剧的出现要比音乐剧早三百多年。它综合了诗歌、音乐和舞蹈等各门类艺术，以歌唱为主。经过四百多年的历史发展，歌剧艺术衍生出严肃歌剧、诙谐歌剧等很多不同的类型。

在某些歌剧中，每一幕的音乐几乎都是连续不断的，演员在管弦乐团的伴奏下进行演唱。在这点上，音乐剧与歌剧具有一定的共同点。音乐剧也伴有大量的音乐和对白，但音乐剧比歌剧的氛围要轻松、活泼，并且剧情要简单许多。

讴歌正义的《被缚的普罗米修斯》

埃斯库罗斯的一生有很多事情让人啼笑皆非，就连死都是被乌龟砸死的。这位古希腊悲剧诗人一生创作颇丰，但令人遗憾的是流传下来的作品只有七部是完整的。在这七部之中，最重要的一部便是《被缚的普罗米修斯》。

普罗米修斯善良而又勇敢，他一直希望人类能摆脱愚昧和黑暗的生活，因此，他违背上帝的意思，向人类传授知识，还为人类带来了火种。他的所作所为激怒了上帝宙斯。宙斯将普罗米修斯钉在悬崖上，暴露在风霜雨雪和烈日的炙烤之中。一日，几个天神来看望普罗米修斯，普罗米修斯告诉他们自己对宙斯曾经有恩，帮助宙斯登上王位，但宙斯漠视人类的苦难，并惩罚他对人类的同情。面对普罗米修斯所遭受的痛苦折磨，天神们说全世界的人们都在为他的遭遇而痛哭。

河神的女儿伊娥在漂泊途中，遇到了普罗米修斯。她向普罗米修斯倾诉了自己被迫漂泊的经历。普罗米修斯对伊娥的遭遇十分同情，告诉伊娥她还要经历漫长的流浪，还会遇到种种危险，最后将到达尼罗提斯三角洲，然后与宙斯建立家庭；她的后代将出现一个英雄，这个英雄将解救普罗米修斯的苦难。

宙斯听到点风声后，就派信使追问普罗米修斯什么婚姻将会使宙斯的统治被推翻。但是普罗米修斯说如果宙斯不解开他身上耻辱的镣铐，他绝不会说出这个秘密。宙斯大发雷霆，顿时山崩地裂，海啸雷鸣，更大的灾难降临到了普罗米修斯的身上。

作品热情歌颂了普罗米修斯为了人类的幸福、智慧、光明而斗争的坚强不屈的战斗精神；同时，还借宙斯的恶行来影射当时雅典政治制度虚伪的一面，具有重大的现实意义。

《俄狄浦斯王》："十全十美"的悲剧

人的命运是掌握在自己手中，还是冥冥之中，自有神灵主宰？几千年以前，悲剧家索福克勒斯就思考过这个问题。既然是悲剧家，自然会得出悲剧的结论。于是他写了一本《俄狄浦斯王》告诉人们：人啊，无论怎么努力，也逃不过命运的圈套。

索福克勒斯的《俄狄浦斯王》被亚里士多德称为"十全十美"的悲剧。它向人们展示了一个人无法抗拒的命运悲剧。

俄狄浦斯是一个心地善良、忧国忧民的君主，他为避免神谕中杀父娶母的悲剧命运，放弃了王位，漂泊他乡。在路上，俄狄浦斯碰到一位老人并为让路的事情而发生争执，结果不小心把老人给杀死了，谁知这个老人就是俄狄浦斯的亲生父亲。在前进的路上，俄狄浦斯猜中了狮身人面妖怪的谜语，运用自己的智慧为人民除害，于是他被忒拜人民拥立为新国王，他治国清廉，赢得了人民的拥护和尊敬，并娶了老王的王后——自己的母亲为妻。神谕应验了，俄狄浦斯成了杀父娶母的罪人。当他发现自己陷入命运的罗网时，便将自己的眼睛刺瞎，自我放逐，惩罚罪行。

全剧通过正直、坚毅的俄狄浦斯和不可抗拒的命运之间的冲突，成功地塑造了狄浦斯王这个文学史上不朽的典型形象，同时也表达了诗人对于神祇和命运的合理性的怀疑和对于个人独立意志的肯定。

此外，该诗剧基本以倒叙的手法来交代剧情的发展，层层展开矛盾冲突，情节之间环环相扣。诗人用简洁鲜明并富有艺术感染力的对话、独白来刻画人物的性格，使人物更加具有现实性。

欧里庇得斯的《美狄亚》

古希腊三大悲剧诗人之一的欧里庇得斯向来有"舞台上的哲学家"之称。他一生写过九十二部戏剧作品，但流传下来的只有八部，《美狄亚》便是其中一部。

《美狄亚》这部戏剧反映了雅典由全盛转向衰亡的社会状况和人们思想的变化，诅咒了战争带给人们的巨大灾难，表达了人们对民主、自由的向往。该剧取材于古希腊神话，并且对神话进行了一定的改编。

美狄亚是黑海边德科尔克斯的公主，她与来到岛上寻找金羊毛的伊阿宋王子一见钟情。

美狄亚用自己的法术帮助伊阿宋取得金羊毛，并因为对伊阿宋的一往情深杀死了自己的弟弟，阻挡父亲的追捕，还用自己的法术和金毛羊的法力替伊阿宋报了杀父之仇。

伊阿宋和美狄亚后来居住在科林斯。伊阿宋又爱上了科林斯国王的女儿，他移情别恋，准备抛弃曾经生死与共的爱人。可怜的美狄亚苦苦哀求，但伊阿宋丝毫不为所动。美狄亚由爱生恨，将自己亲生的两名稚子杀害，同时用下了毒的衣服杀死了伊阿宋的新欢，从此美狄亚永远地离开了科林斯，飞往雅典。

神话中的英雄伊阿宋在该剧中成了一个贪慕虚荣富贵，喜新厌旧的小人。而神话中蛇蝎心肠的美狄亚则成为一个正面人物，她性格坚强、敢爱敢恨，为了爱情不顾一切，当丈夫变心后，她先是哀求，但后来忘恩负义的伊阿宋使她放弃了幻想，因此，她开始了疯狂的报复。

她的这种斗争、反抗实际上是剧作家对当时道德蜕变和堕落社会的反抗，也体现了剧作家的家庭观和命运观。

时代的悲剧《哈姆雷特》

"活着，还是死去，这是个问题！"这句话是世界上最忧郁的王子哈姆雷特发出的感慨，也是至今仍让人回味的哲学命题。

莎士比亚是英国文艺复兴时期最重要的剧作家。他创作过多部剧本，《哈姆雷特》是他创作的四大悲剧代表作之一。

悲剧主人公丹麦王子哈姆雷特具有先进的思想和美好的品德，他对生活充满了美好憧憬，是文艺复兴时期人文主义者的典型形象。但是，残酷的现实粉碎了他的梦想，引发了他内心的精神危机。

哈姆雷特在国外读书时，家里发生了很多不幸的事：父王暴死；叔叔克劳狄斯篡夺了王位，而母亲改嫁给叔叔。回国后的哈姆雷特对这一切感到痛苦忧虑。这时，父亲的鬼魂告诉了他事情的真相。原来与哈姆雷特的母亲早有奸情的叔叔毒死了他的父亲并篡夺了王位。

哈姆雷特决心为父报仇，于是佯装发疯来迷惑敌人，伺机行动。他的这种异常行为引起了新国王的怀疑，就派人去刺探他的内心，但都被哈姆雷特一一识破，于是克劳狄斯决定除掉他。

哈姆雷特为证实叔叔是杀父凶手，借剧团进宫演出的机会上演了一出恶人杀兄、篡位、娶嫂的戏，克劳狄斯果然感到十分惊恐，这更加坚定他除掉哈姆雷特的决心。在母亲劝说哈姆雷特要忍让时，哈姆雷特误杀了情人奥菲利娅的父亲；奥菲利娅自尽，奥菲利娅的哥哥雷欧提斯为了替父亲和妹妹报仇提出找哈姆雷特决斗；狡猾的克劳狄斯于是安排他们比武，想借机除掉哈姆雷特。结果，哈姆雷特和雷欧提斯相互中了毒剑；最后，哈姆雷特杀死了仇人克劳狄斯，并与其同归于尽。

哈姆雷特的形象具有高度的典型性。哈姆雷特的悲剧不仅仅是一出个人的悲剧，同时也是一个时代的悲剧。

莎翁喜剧《威尼斯商人》

慷慨和吝啬是两种截然相反的性情，前者使人获得世间的友谊、亲情和爱情；后者使人只能成为一个孤家寡人，痛苦地活着。走进莎士比亚的《威尼斯商人》，我们就会发现这一论断的正确性。

《威尼斯商人》是莎士比亚早期的一部喜剧杰作。剧本的主题是歌颂青年男女之间真诚的爱与友谊，同时也反映了资本主义早期商业资产阶级与高利贷者之间的矛盾。

安东尼奥为了帮助朋友巴萨尼奥娶鲍西娅，向高利贷者夏洛克借了一笔钱。由于夏洛克曾经受过安东尼奥的侮辱，于是在安东尼奥借钱时，夏洛克提出了一个奇怪的要求：如果安东尼奥拖欠还款的话，他将会从安东尼奥身上割下一磅肉。

虽然有了好友的帮助，但巴萨尼奥在向鲍西娅求婚时，又遇到了一个考验：鲍西娅的父亲在遗嘱里要求求婚者在金、银、铅三个匣子里做出正确选择。巴萨尼奥聪明地选择了正确的盒子——铅匣，也就是装有伊人肖像的匣子，由此迎娶了鲍西亚。与此同时，夏洛克的女儿杰西卡同自己的爱人克里斯汀·罗伦佐私奔了，并且偷走了她父亲的钱和珠宝。

夏洛克因为失去自己的女儿和钱财而心情烦乱，当他得知安东尼奥在海上的投资全部丧失的消息之后，他决定向安东尼奥讨回借款。在法庭上，夏洛克要求他和安东尼奥的合同能够履行。鲍西亚和娜瑞萨假扮律师，为安东尼奥辩论，使得夏洛克的计划没有达成。这样，鲍西亚巧妙地挽救了安东尼奥的性命。最后，真相大白，安东尼奥重新得到了自己的财产。

这部剧作的一个重要文学成就，就是塑造了夏洛克这一唯利是图、冷酷无情的典型形象，鞭挞了资本主义高利贷者的贪婪、冷酷、自私、吝啬的本质，表现了作者对资产阶级社会中金钱、法律和宗教等问题的人文主义探讨。

莫里哀的《吝啬鬼》

在欧洲文学史上，吝啬鬼并不少，但最有名气的吝啬鬼只有四个。他们分别是莎士比亚喜剧《威尼斯商人》中的夏洛克，巴尔扎克小说《欧也妮·葛朗台》中的葛朗台，果戈理小说《死魂灵》里的泼留希金，还有一个就是莫里哀喜剧《吝啬鬼》里的阿巴贡。

莫里哀的《吝啬鬼》取材于古罗马作家普劳图斯的《一坛金子》。该剧主人公阿巴贡爱财如命，吝啬成癖。他不仅对仆人及家人十分苛刻，甚至自己也常常饿着肚子上床，以至于半夜肚子饿时，去马棚偷吃荞麦。他执意要儿子娶有钱的寡妇，要女儿嫁有钱的老爷，而自己却打算娶一个美貌的姑娘。但当美丽的姑娘玛丽雅娜前来相亲时，却与阿巴贡的儿子克莱昂特到花园里去幽会了，原来他俩早已相爱。

阿巴贡气得暴跳如雷，又发现埋在花园里的钱丢了，顿时痛不欲生。克莱昂特表示，若能得到玛丽雅娜，保证找到丢失的钱。阿巴贡一口答应。原来钱是克莱昂特的仆人阿剑偷的，而不是乔装佣人的贵族青年法莱尔偷的，这时法莱尔也在不知情的情况下公开了他与阿巴贡女儿艾莉丝的恋情。最终两对年轻人终成眷侣。

莫里哀在《吝啬鬼》中，通过阿巴贡这一吝啬鬼的典型，形象地刻画了处于发展初期的资产者贪婪、吝啬的丑恶嘴脸。剧作家在该剧中，再次将讽刺的矛头指向了资产者，企图使他们丑恶的灵魂赤裸裸地展现于世人面前。

第七章

知道点简单的哲学道理

【 中国部分 】

哲学奇著——《易经》

在我们看来，《易经》是我国古代最有名气的占卜书。但是，它的价值远远不是占卜那么简单，其实《易经》更是一本披着占卜外衣的哲学奇著。

《易经》的年代已经相当久远。关于《易经》的来历，众说纷纭，有伏羲画八卦、周文王作《周易》、孔子修易之说，又有神话连山易祖作易、九天玄女传易等说法。综合来说，《易经》是远古众多圣人根据大自然的发展变化规律经过很长的年代创作并不断修改而成的。

《易经》从复杂的自然现象中抽出"阴阳"的概念。其中"阴"代表事物的衰退、消极、柔弱等特性，而"阳"代表事物积极、进取、生机等特性。《易经》的作用其实更偏重于指导人们深入观察自然界的各种现象，认识自然界辩证统一的科学奥秘，充分把握天时、地利、人和等因素，来实现人生的价值。

战国时期的"百家争鸣"

战国时期，各国之间的战争此起彼伏、连绵不断，在这么混乱的历史时期，思想界却出现了"百花齐放""百家争鸣"的繁荣景象，其中的原因何在？

由于当时诸侯分立，战乱频仍，新兴的地主阶级成为新的统治者。这种变动同样也体现在思想文化领域。不同利益集团的学派人物，都在认真思考和分析动荡不安的社会形势，探索治理和重组社会的良方。可以说这种战乱的社会环境对诸子百家的思想学说来说是一片沃土。一时间，各种流派学说如同雨后春笋般崛起，诸子百家纷纷著书立说，宣扬自己的主张，批评别人，形成"百家争鸣"的局面。

事实上，在当时社会产生较大影响力的主要是这十个学派：儒、墨、道、法、名、阴阳、兵、农、纵横、杂家。

"庄周梦蝶"蕴含的哲理

"庄周梦蝶"这个故事对我们来说很熟悉，甚至一些人还能够熟识成诵。可是你能说出故事中蕴含的哲理吗？

庄周，即战国时期的庄子，是继老子之后，道家学派的代表人物。他以其代表作《庄子》阐发了道家思想的精髓，使之成为对后世中国人思想产生重大影响的哲学。"庄周梦蝶"虽然是一则小的寓言故事，但体现了庄子的哲学思想。

"庄周梦蝶"讲的是有一天，庄周梦见自己变成一只翩翩起舞的蝴蝶，十分轻松惬意，悠然自得，全然忘记了自己是庄周。当他从睡梦中醒来时，他不知道蝴蝶是庄周还是庄周是蝴蝶，对自身充满了疑惑。

"庄周梦蝶"体现了庄周齐物的思想。一般人看来，一个人在醒时的所见所感是真实的，梦境是幻觉，是不真实的。庄子却认为醒是一种境界，梦是另一种境界，两者不同；庄周是庄周，蝴蝶是蝴蝶，两者也不尽相同。庄子从这个梦中得悟：人们如果能打破生死、物我的界限，则无往而不快乐。

那么，什么是"齐物"思想呢？人生如梦，"道"是形而上的，庄周自己是形而下的。形而下的一切，尽管千变万化，都只是道的物化而已。庄周也罢，蝴蝶也罢，本质上都只是虚无的道，是没有什么区别的。

"子非鱼，安知鱼之乐"

也许你认为你很了解朋友，你也许总会说："我比他自己还了解他""他是这样一个人""他想什么，我知道得一清二楚"，等等。但是，你又不是他，你怎么会知道他内心的真正想法呢？

这种哲思就像两千年之前惠子与庄子的一场辩论。在《庄子·秋水》中，记载了这样一个故事。一日，庄子和惠子这对老辩友一道在濠水边游玩。庄子说："你看，鱼儿游得那么悠闲自在，它是多么快乐啊！"惠子说："你不是鱼，怎么知道鱼的快乐？"庄子说："你不是我，怎么知道我不知道鱼儿的快乐？"惠子说："我不是你，固然不知道你；你也不是鱼，你不知道鱼的快乐，也是完全可以肯定的。"

庄子说："咱们回到以前的话题。你刚才所说的'你怎么知道鱼的快乐'的话，就是已经知道了我知道鱼儿的快乐而问我，而我虽然不是鱼，却知道鱼的快乐。"

庄子和惠子的辩论流于诡辩，但鱼儿在水中自由嬉游，这正符合道家的顺其自然的思想，由此，庄子断定鱼儿乐在其中。这充分体现了庄子推崇"自然"，反对"人为"，主张"天地与我并生，而万物与我为一"的哲学思想。

"三纲五常"指的是什么

一提到封建社会，我们的头脑里很容易就会浮现典型词语——"三纲五常"。那么，你知道"三纲五常"这个生僻的词语到底指的是什么吗？

"三纲"是封建社会五种伦常关系中最重要的三条。即"君为臣纲，父为子纲，夫为妻纲"，要求为臣、为子、为妻的必须绝对服从于君、父、夫，同时也要求君、父、夫为臣、子、妻做出表率。它反映了封建社会中君臣、父子、夫妇之间的一种特殊的道德关系。

"五常"即"仁、义、礼、智、信"，是封建社会调整伦常关系的基本原则。

"三纲五常"是由孔子的"君君、臣臣、父父、子子"和孟子的"父子有亲、君臣有义、夫妻有别、朋友有信"，以及"仁、义、礼、智"等发展而来。西汉董仲舒首次将其系统化为"三纲五常"，并以此来维护统治阶级的利益，确

立君权、父权、夫权的统治地位，把封建的等级制度和政治秩序合理化。

为什么说"白马非马"

战国时期名家代表人物公孙龙有一个著名的论调——白马非马。乍一看，使人异常惊讶，白马明明是马，这和"张三是人"一样，事实清楚。但公孙龙为何如此辩说？听了"白马非马"的故事后，你就会明白它的寓意了。

一天，公孙龙牵一匹白马出关。守门人不让马出关。于是公孙龙便出了一个"白马非马论"的命题，双方约定，如果守门人辩不过公孙龙，便不再阻挠他出关。

公孙龙说："白马不是马，说白是用颜色分的，说马是以形状定义的；颜色不是形状，形状也不是颜色。所以，说颜色不可与形状一同说，说形状则不应该加上颜色，现在把颜色和形状合起来，这是不对的。如果要想到马厩里找白马，只有栗色的马，就不可以说有白马。没有白马，那么想找的马也就没有；没有马，那么白马就不是马了。"

守门人听了这样的辩题，目瞪口呆，公孙龙趁此大摇大摆地走出关。

公孙龙的白马非马论，恰恰道出了名家的些许思想。总的来说，它体现了名家思想的三种内涵：其一，"马""白""白马"这三者的内涵不同。"马"的内涵是一种动物，"白"的内涵是一种颜色，"白马"的内涵是一

种动物加一种颜色，所以说三者不能综合成"马"这种动物。其二，"马""白马"的外延不同。"马"的外延包括一切马。"白马"的外延只包括白马，有相应的颜色区别。怎么能以小类的事物去涵括大类的事物呢？其三，"马"与"白马"的共性不同。马的共性，是一切马的本质属性，不包含颜色；而"白马"的共性则包含了颜色。这样"马"的共性与"白马"的共性不同，所以"白马非马"。

儒家的核心思想是什么

众所周知，儒家是中国历史上最重要的学派。它曾对中华民族的思想与灵魂产生过巨大的影响。这样一个学派，它的核心又是什么？

儒家的思想核心即仁、义、礼、智、信。儒家哲学注重人的自身修养，要与身边的人建立一种和谐的关系。统治者要施行仁政，"为政以德，譬如北辰，居其所而众星共之"。对待长辈要尊敬讲礼貌。朋友之间要真诚讲信用，"与朋友交，言而有信"。为官者要清廉爱民。做人有自知之明，尽分内事，"君子务本，本立而道生"。对待其他人要博爱，"幼吾幼，及人之幼。老吾老，及人之老"。对待上司要忠诚，"君使臣以礼，臣事君以忠"。对待父母亲属要孝顺，"今之孝者，是谓能养。至于犬马，皆能有养；不敬，何以别乎？"尊重知识，"朝闻道，夕死可矣"。善于吸取别人的长处，"见贤思齐焉，见不贤而内自

省也"。……儒家提倡人要做到仁、义、礼、智、信，达到温、良、恭、俭、让的道德境界。

儒家思想关注人和社会这个人类永恒的课题，它主张的仁、义、礼、智、信，便是在这个基础上建立的价值体系。

"无为而治"：老子思想的核心

人类哲学有两个源头，一个是古希腊哲学，另一个就是中国的老子哲学。老子也因其深邃的哲学思想而被世人尊为"中国哲学之父"。

老子的思想体系中最重要的内容就是"无为而治"。"无为而治"主要是针对政治上的"有为"而言的。在他看来，"有为"政治带来的祸害非常严重。防禁越多，人民越陷入贫困；法令越森严，盗贼越增加。统治者征收大量赋税，造成人民饥饿；统治者越是强作妄为，人民越是难以心服口服。

老子强烈反对"有为"的政治。他说道，大路很平坦，君主却喜欢走斜径；朝政腐败了，弄得农田全都荒芜；仓库十分空虚，统治者还穿美服，佩带锋利的宝剑；统治者吃厌了精美的饮食，却还要搜刮更多的财货。针对这个问题，老子提出统治者应该"无为而无不为"。"无为而治"指的是，统治者在表面上应该少一点欲望，少一点作为，对人民顺其自然，放松其统治，这样做，国家才能得到长治久安。

墨子的"兼爱"与"非攻"

战国时期，诸子百家各执一说，思想领域呈现出百花齐放的景象。其中墨家的代表人物墨子主张人们"兼爱"和"非攻"，颇得人心。

墨子认为当时社会的"大害"是国与国之间连年不断的战争、人与人之间的尔虞我诈，造成这种现象的根本原因是人们的自私和对他人缺乏爱心。因此，他主张国与国之间、人与人之间都应该相互理解，相互关心，而不是相互攻击。否则，双方都会受到极大的伤害。

墨子称赞黄帝、尧、舜、禹等圣人能为民取利的功德，反对当时诸侯争霸，主张对发动战争的人，要以死刑论处。

孟子的"以民为本"思想

荀子曾说："君者，舟也；庶人者，水也。水则载舟，水则覆舟……"他的这种民本思想被后代的明君广泛应用，并达到了长治久安的目的。但最初提出这个观点的并不是荀子，而是他的前辈——孟子。

孟子根据战国诸侯治乱兴亡的规律，提出了一个民主性的著名命题："民为贵，社稷次之，君为轻。"也就是说，人民放在第一位，国家其次，君在最后。孟子认为，君主应以爱护人民为先，为政者要实行仁政，保障老百姓的权利。

孟子认为，人民的生活有了保障，国家才会安定。在此基础上，统治者再兴办学校，对人民进行教化，引导他们向善。孟子还主张统治者要"亲亲而仁民""老吾老以及人之老，幼吾幼以及人之幼"。也就是说，要统治者像对待自己亲人那样关心爱护百姓。

囊括万物的阴阳五行说

"阴阳五行"这个哲学术语，想必你是听说过的，但你了解它内在的哲学含义吗？

阴阳五行说对中国古代的学术和日常生活都产生过巨大影响，可以说，它是中国文化的一大特色。

"阴阳"和"五行"本来是两个分开的概念，但在战国末期，齐国阴阳家邹衍把"阴阳"和"五行"糅合在一起，并用阴阳五行来附会王朝兴替和社会政治的嬗变。

阴阳学说早在夏朝就已形成，它认为阴阳两种相反之气是天地万物的源泉。阴阳相合，万物生长，在天形成风、云、雷、雨各种自然气象，在地形成河海、山川等大地形体，在方位则是东、西、南、北四方，在气候则为春、夏、秋、冬四季。

五行学说也是我国古代人民创造的一种哲学思想。它以日常生活的五种物质金、木、水、火、土作为构成宇宙万物变化的基础。这五类物质各有不同属性，如木有生长发育之性；火有炎热、向上之性；土有和平、存实之性；金有肃

杀、收敛之性；水有寒凉、滋润之性。五行学说可以说包罗万象，将自然界的绝大多数特性囊括其中。

中国传统的"中庸之道"

父母或祖父母告诫我们，做人要"中庸"一点儿，不要强出风头，不要自恃清高，等等。那么，"中庸"到底指的是什么呢？

其实，真正的"中庸"，并不是现在人们所理解的"走中间路线"，它的主旨在于修养人性。其中包括学习的方式：博学之，审问之，慎思之，明辨之，笃行之；也包括儒家做人的规范如"五达道"（君臣也，父子也，夫妇也，兄弟也，朋友之交也）和"三达德"（智、仁、勇）等。

中庸之道是教育人们自觉地进行自我修养、自我反省、自我教育、自我完善，最终使自己成为一个谨遵儒家传统思想的理想人物。

西方最早的哲学流派：米利都学派

古希腊是一个哲学的国度，诞生了众多的哲学家和哲学流派。你知道古希腊第一代哲学家都是谁吗，他们又是哪个流派的？

古希腊时期，社会环境相对民主和自由，在这种情况下，人们的思想相对比较自由，并有大量的闲暇时间来思考许多问题。于是便出现了西方最早的一个哲学流派——米利都学派。

这个学派其实探讨的是一种自然哲学，即对于自然界本身的探讨和解释，与人生没有关系。它的创始人泰勒斯是第一位自然哲学家，在哲学史上他被誉为"哲学之父"。他认为水是万物的始基，一切生于水还于水，大地漂浮在水上。他创立了用自然本身的物质去认识世界的唯物主义世界观。

阿那克西曼德在导师泰勒斯哲学思想的基础之上，又提出世界原本是一种无限的抽象，只有无限才能永恒存在。无限在运动中产生矛盾，如冷与热、白天和黑夜等。他的这种哲思比泰勒斯有了很大进步。后来，他的学生阿那克西美尼又提出了世界的本原是空气，世间万物（包括神灵）都在永

154

恒的空气中发生和转变。

古希腊这三位早期哲学家均是米利都人，且保持着师承关系，因而人们称这个学派为米利都学派。

苏格拉底的"认识你自己"

在欧洲文化史上，有一个和孔子一样伟大的人物，他是一个哲学家，并一直被看作追求真理而死的圣人。他便是古希腊哲学家苏格拉底。

苏格拉底出生于雅典一个普通公民的家庭，他早年继承父业，从事雕刻石像的工作，后来研究哲学。

苏格拉底可以说是古希腊哲学的一个分水岭。在他之前，古希腊的哲学家如泰勒斯、毕达哥拉斯等，都偏重对宇宙起源和万物本体的研究，对于人生并不多加注意。苏格拉底扩大了哲学研究的范围，他将哲学引到对人心灵的关注上来。他引用德菲尔阿波罗神庙所镌刻的那句神谕来呼吁世人——认识自己，旨在希望人们能通过对心灵的思考关怀而追求德行。可以说，苏格拉底扩展哲学的领域，对后来的西方哲学和宗教，乃至社会和民主制度的发展产生了不可磨灭的影响，也为基督教的欧洲化奠定了人文基础。

百科全书式的哲学家：亚里士多德

在古希腊，有一位百科全书式的哲学家，他对哲学几乎每个学科都做出了难以估量的贡献，两千年后，人们将他称为"古代的黑格尔"，你知道这个伟大的哲学家是谁吗？

他便是闻名世界的亚里士多德。他的思想对西方文化产生了深刻的影响。早在上古及中古时期，他的著作就被译成拉丁文、叙利亚文、阿拉伯文、意大利文、希伯来文、德语和英语。以后的希腊学者都极其推崇他的著作。他的思想是中世纪最大的两个宗教——基督教和伊斯兰教的思想基础。

亚里士多德几乎是古希腊哲学和科学的转折点。在他以前，科学家和哲学家都力求提出一个完整的世界体系，来解释自然界的种种现象；在他以后，许多科学家放弃提出完整体系的企图，转入研究具体问题。

以现在的标准来看，亚里士多德的某些思想显得有些极端。例如，他赞同奴隶制及女性所受的不平等待遇，认为这是自然界的安排。但我们仍然要看到他的哲学思想在那样一个时代，已经是具有极大的进步意义了。

我思故我在——笛卡尔

哲学上有一句非常经典的话——"我思故我在"。它的

提出者是法国伟大的哲学家、物理学家、数学家、生理学家以及解析几何的创始人笛卡尔。很多人被这句个性张扬的话吸引，可是未必知道它的真意。

在西方17世纪文化启蒙初期，笛卡尔提出了这句相当经典的话。在笛卡尔看来，"我思故我在"是一条不折不扣的真理。笛卡尔怀疑事物存在的合理性，比如说人要吃饭、睡觉等在普通人看来是很平常的事情，但他却不这么认为。

在笛卡尔的眼中，人类的活动在思维中的表达可以分为现实和梦境，这两种的真实性不同，前者是真实的，而后者是不真实的，所以他怀疑一切事物的真实性。真实和不真实对于笛卡尔来说不是绝对的，因为没有人能确切地说，他不是在做梦。但有一个命题是不能被怀疑的，那就是"我思故我在"。因为只要一个人在感知和思索，那么他就一定是真实存在的，人只有活着才有这样的思考能力。正如笛卡尔所说："除了'我在怀疑'本身不可怀疑，其他一切都值得怀疑。"

但是，笛卡尔的这种观点还是有些偏颇。因为他过于强调"我在怀疑、思考"，而忽略了人的其他方面。可以说他是重主观现实而忽略了客观现实。

莱布尼茨：世上没有完全相同的两片树叶

德国哲学家莱布尼茨从小就是个天才，他8岁破译密码，15岁上大学，17岁发表了《单子论》，20岁成为与牛顿

齐名的微积分的创始人。作为哲学家的他还提出过一个有趣的观点：世界上没有完全相同的两片树叶。

在17世纪的德国，莱布尼茨算得上是那个时期最为博学的人。他感到去理解宇宙的奥秘是自己一生神圣的职责。他不知疲倦地研究着，把所有的时间都用在对宇宙万物的研究上。而且，莱布尼茨不只是一位哲学家，他还是一位数学家、外交家、发明家、法学家、图书馆馆长。正是这些综合因素，使莱布尼茨的哲学显得卓尔不群。他不但涉猎范围十分广泛，而且见解也十分独到。

据说，在莱布尼茨当"宫廷顾问"的时候，一次，国王让他解释一下哲学问题，莱布尼茨对皇帝说，任何事物都有共性。国王不信，派人找来一堆树叶，莱布尼茨果然从这些树叶里面找到了许多共同点，国王很佩服。这时，莱布尼茨又说："天地间没有两个彼此完全相同的东西。"国王手下听了这番话后，再次纷纷去寻找两片完全相同的树叶，想推翻这位哲学家的论断。结果大失所望，因为的确没有两片树叶是完全相同的。

尼采和他的"超人哲学"

19世纪，德国出了一个很疯狂的哲学家——尼采。他提出了很多新颖的哲学观点，其中有一个是"超人哲学"。这里的"超人"不同于电影里的那个"超人"。

尼采所提出的"超人哲学"是一种人生的哲学。超人是人生理想的象征，是尼采追求的理想目标和人生境界。尼采对现代生活已经充满绝望，他梦想改善人，造就新的人，即是超人。超人不是具体的人，而是尼采头脑中那个虚幻的形象。超人具有大地、海洋、闪电那样的气势和风格。尼采认为，超人还没有现实的存在，它是未来人类的理想形象；超人给现实的人生提出了价值目标；超人实际上也是一种对自我的超越。

尼采鼓吹人活着的最根本目的就是要实现权力意志，扩张自我，并且成为能够驾驭所有的超人。超人是人的最高价值，应当蔑视一切传统道德价值，为所欲为，通过奴役弱者、群氓来实现自我。同时，他特别反对男女平等、婚姻自由、女性解放，在他看来，男女天生就是不平等的，女性在社会上始终是处于劣势，并且应该如此。

其实，他的这种哲学未免过于极端。我们需要了解他的思想，但不倡导像尼采那样思考。

狄奥根尼——别挡住我的阳光

公元前4世纪，古希腊出现了一个新的哲学流派——"犬儒学派"。这个学派的哲学家被称为"天生的无赖"，大概是因为他们的哲学理念有些"无赖"吧。

"犬儒学派"的代表人物是哲学家狄奥根尼。他的人生信条有两个，一个是"返于自然"；一个是"我宁可疯狂也不愿意欢乐"。一切精致的哲学对他来说都是毫无价值的，他主张无政府、无私有财产、无婚姻，并鄙弃人类一切感官上的快乐。他狂放不羁，拒绝接受任何宗教习俗。

他的生活简直无赖到极点。晚上，他就睡在一个大瓮里，而当时的这种瓮是用以埋葬死人的。白天就以行乞为生，边行乞边宣扬他的哲学思想。

相传，在一个冬天的早晨，天气相当晴朗。亚历山大大帝去拜访他，这时他刚刚从瓮里爬出来，在墙角晒太阳。亚历山大问他需要些什么，他回答说："滚开，别挡着我的阳光。"

他对亚历山大这样的伟人竟然说出这么无赖的话。不过，这也恰恰体现了他的一种哲学思想，用他自己的话来说，就是像一条狗一样地活下去，不追求任何欲望。这也是他的哲学被称为"犬儒哲学"的根本原因所在。

培根的"知识就是力量"

"知识就是力量！"当英国哲学家培根喊出这句话的时候，整个世界都震惊了。接下来的岁月里，这句话驱走了人们的愚昧，给人们带来勇气与力量，带来了光明与希望。伟大的哲学家培根为什么会喊出这样的口号？

培根于1561年诞生在英国伦敦的一个贵族家庭里。他从小体弱多病，却喜欢钻研一些高深的学问，因此他12岁那年，便进入有名的剑桥大学读书，可是只读了三年便离开

了。因为当时的剑桥大学被"经院哲学"统治着，他不喜欢这种学校的氛围，他认为这样的教育不但对学生毫无益处，反而会限制学生自身的发展。

培根在《新工具》这本著作中，提出了"知识就是力量"这句名言，以此告诉人们掌握知识的重要性。他还十分重视科学试验，认为实践出真知。

培根对人生、对社会、对自然都有许多独到而精辟的见解。他一生一直致力于研究学问，最终成为英国唯物主义哲学创始者。培根的所作所为以及他的哲学思想，在当时来看，颇有些叛逆的成分，但在他身上体现更多的是新人文主义者探索世界的勇气和激情。

柏拉图：系统论述正义的哲学家

古今中外的哲学家总在探讨许多问题，如人类的爱、艺术、伦理、人生、政治、战争等，其中还包括人类的"正义"。但是，西方第一个系统地论述正义的哲学家又是谁呢？

西方第一个系统论述正义的哲学家是古希腊的柏拉图。可以说，他的《理想国》就是一部正义论。该书自始至终贯穿着"正义"这条主线。

在《理想国》中，柏拉图将正义分为国家正义和个人正义。针对国家正义，柏拉图构建了他的理想国模型，他对社会的三个阶层进行了分工：治国者靠智慧把国家治理好，卫

国者凭勇敢保卫好疆土，劳动者以节制搞好生产，从而建立一种理想的正义之国的模式。柏拉图强调，每个人的天性不同，职业不同，应各行其是，各司其职，且不应干涉其他阶级的成员所干的工作，即正义就是"拥有自己的东西，做自己的事情"。

而柏拉图的"个人正义"就是人心中的三个部分各尽其职：理智以智慧统率心灵，意志以勇敢保护心灵，欲望以节制为心灵的正常活动提供生理基础，理智、意志和欲望三者协调合作，从而使人内在的心灵处于一种和谐、正义的状态。

黑格尔的"存在即合理"

"存在即合理"是黑格尔的一句格言，许多人断文生意，认为"凡是现实的就是合理的，凡是合理的就是现实的"。其实，这样理解就有点歪曲的成分了。

我们经常会理所当然地歪曲"存在即合理"的意思，是因为我们认为的"合理"是"合乎情理"，而黑格尔的"合理"则是"合乎理性"。而"合乎理性"未必"合乎情理"。黑格尔曾经明确表示，罪恶同样能够推动历史的发展，它是合乎理性的，但却是不合乎情理的。

如果我们将这句话理解成"合理的都是存在的，存在的都是合理的"，那么，犯人的存在合理吗？战争的存在合理

吗？骗子的存在合理吗？现实生活中，诸如此类不合情理的事情太多了，这些事情虽然不合乎情理，但是却合乎理性。因为世界一直就是在理性的运作，而不是在感性（符合情理）地运作。

小小的理解偏差，足以"失之毫厘，谬以千里"。

罗素人生中的"快乐哲学"

罗素是20世纪英国最有影响力的哲学家、数学家、逻辑学家、历史学家、社会活动家。这个伟大的人物曾经用一句话概括了自己的一生："对爱情的渴望，对知识的追求，对人类苦难无可遏止的同情心，这三种简单而又强烈的感情支配了我的一生。"

罗素认为，生命的结局虽然是荒谬的，但生命的过程可以是美好的。他用这样的认知来感知世界，因此这个哲学家一直很快乐。他是一个令人愉快的人，总能给人一种善良、温和、亲切、睿哲、幽默的感觉。

他一直秉持自己的人生哲学，活得兴致勃勃，有时候，就像一个孩子一样有趣。获得诺贝尔文学奖后，从没写过文学作品的罗素，竟开始写起小说来。他的第一部小说匿名发表后，悬赏猜测作者何人，结果无一人猜中，因为谁也不会相信，这位年近80岁、负有盛名的哲学家还有写小说的雅兴。

当哲学家尼采失落地喊出"上帝死了"的时候，当他在寻求生命的终极意义中彻底绝望的时候，哲学家罗素却清清楚楚地知道每一个生命都不过是"原子的偶然结合"，人应该去关注现实生命本身。因此他的快乐俯拾即是。

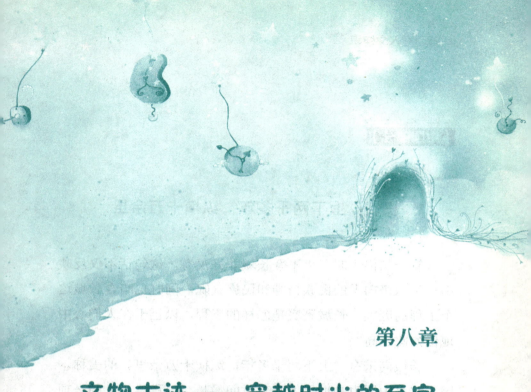

第八章

文物古迹——穿越时光的至宝

【 中国部分 】

长城：上下两千多年，纵横十万余里

有一句俗语叫："不登长城非好汉"，这句话不仅反映出一种积极向上的民族精神和民族气魄，同时也暗含长城这个工程的庞大，长城到底是怎样的工程，以至于在人们心中地位如此之高？

长城向来有"上下两千多年，纵横十万余里"的美称。因为它是中国也是世界上修建时间最长、工程量最大的一项古代防御工程。

这项浩大的历史工程可以上溯到公元前9世纪的西周时期，周王朝为了防御外敌，曾筑连续排列的城堡"列城"以做防御。春秋战国时期，各诸侯国根据各自的防守需要，在自己的边境上修筑起长城。史家称之为"先秦长城"。

秦始皇统一中国以后，将战国时代的诸侯国修建的一些防御工事连接成一个完整的防御系统，用以抵抗北方少数民族的侵略。在明代，又继续加以修筑，使长城成为世界上最长的军事设施。

长城主要分布于中国北部和中部，总计长度50000多千米，如此浩大的工程在中国乃至世界历史上都是绝无仅有的，因而在几百年以前，长城就被列为世界七大奇迹之一。

秦始皇兵马俑：世界第八大奇迹

1974年，沉睡在底下两千年左右的秦始皇兵马俑"醒来"了，不久它便以巨大的规模、威武的场面、高超的陶艺，使整个世界都看得目瞪口呆。

兵马俑坑在秦始皇陵东侧约1公里半，先后发现三个坑。一号坑是当地农民打井时发现的，后经钻探先后发现二、三号坑。一号坑最大，埋有约6000个真人大小的陶俑。在地下发现数量这么多造型如此逼真的陶俑，真是一个奇迹。

这些威武雄壮的军阵，使得当年秦始皇统一中国时强大而威武的军队再次呈现在世人面前。这些陶俑装束、神态都不一样。从这些方面可以判断出是官还是兵，是步兵还是骑兵。

这批兵马俑还是我国雕塑艺术的宝库，它把中国几千年前精湛的雕塑艺术再现在世人面前，为中国，同时也为世界的历史增添了绚烂的色彩。

丝绸之路上的艺术殿堂——莫高窟

敦煌莫高窟地处丝绸之路的一个战略要点。它不仅仅是当时东西方贸易的中转站，宗教、文化交汇处，还是丝绸路

上的艺术殿堂。

公元366年，人们开始在敦煌鸣沙山断崖上凿崖洞、绘壁画、塑佛像，经历近千年的不断开凿，使莫高窟成为集各种艺术为一体，规模最庞大、历史最悠久的佛教艺术宝库。

莫高窟现存洞窟492个，壁画45000余平方米，彩塑2415身，飞天塑像4000余身。这些艺术珍品展现了近千年的佛教文化艺术。它不仅反映了中国中古时期人们的社会生活状况和宗教信仰图景，同时也凝聚了历代劳动人民的聪明智慧。

第一座佛寺：白马寺

洛阳白马寺是中国第一座佛寺，位于洛阳东24里，距今已有一千九百多年的历史。寺前分立的两匹石马成为白马寺最著名的标志。它们头颈低垂，双目下视，开口微喘，好像刚刚从西域驮经归来。关于这座佛寺的来历，还有一个真实的历史故事。

有史书记载，一日，东汉明帝梦到头放白光的金人，在大殿上空飞行。第二天，他向朝中大臣询问吉凶。有大臣说，梦中的金人是佛，来自西方。于是，汉明帝派蔡愔和秦景等出使天竺，摹写浮屠遗像。公元67年，蔡愔等人和佛教高僧迦叶摩腾、竺法兰一同回到洛阳，并用一匹白马带回佛经和释迦牟尼的立像。为了铭记白马驮经的功劳，汉明帝敕令修建寺院，并取名"白马寺"。这便是白马寺名真正的来历。

当然这个简单的来历，并不足以使白马寺名声大振，此外，白马寺是我国第一座佛寺，白马寺内的齐云塔是中国第一座塔，最早来华的印度僧人禅居于白马寺，最早传入的梵文佛经收藏于白马寺，同时它是中国最早的译经道场，中国的第一个汉人和尚在这里受戒，等等，综合所有因素，使得白马寺永远彪炳于中国佛教史册。

千古功过任人评——武则天的无字碑

中国历史上第一个，也是唯一的女皇武则天在生前功过参半，褒贬不一，在她死后，留给世人一个无字碑，仿佛是在告诉世人："千古功过，随你们怎么评吧！"

关于武则天为什么要给自己立这么一块无字碑，历来众说纷纭。至今为止，主要有三种说法。一说，武则天认为自己的才能绝对优于高宗，统治期间，社会安定，人民安居乐业，算得上功高德大，不是文字所能表达的。二说，武则天自知罪孽深重，刻了碑文恐怕更招世人辱骂，因而留下无字碑借以自赎。三说，武则天想让后人客观地评价她的文治武功与雄才大略，而与她有矛盾的儿孙是不可能客观评价她的。

但无论人们怎么看待她的"无字碑"，都无从考证她的本意了。值得一提的是，宋金以后，人们开始在无字碑上

面添补题识。令人惊异的是，这些文字中还有一种早已废绝的少数民族文字，经考证，为金太宗弟弟所刻写的《郎君行记》。但这种文字并不是金文，而是早期的契丹文字。这一失传的文字的发现，无疑也是武则天无字碑的功劳。

"山是一尊佛，佛是一座山"

在世界上称"最"的事物相当多，比如世界上最大的洋是太平洋，最高的山峰是珠穆朗玛峰，最长的人工运河是京杭大运河……那么，世界上有没有最大的石刻佛像呢？

我国四川省的乐山大佛就是世界上最大的石刻坐佛像。乐山大佛全身通高70.8米，肩宽24米，雕琢在岷江、青衣江、大渡河汇流处的岩壁上，依山凿成，又名凌云大佛，为弥勒佛坐像。

乐山大佛是唐代贵州籍名僧海通募款建造的，海通死后，由剑南西川节度使韦皋继续带人兴建，前后历时九十年完工。乐山大佛高大无比，大佛造型庄严，排水设施隐而不见，设计巧妙。在极远处，人们也可看到这座隐没于云山雾海之中的佛像。因此，古有"上朝峨眉，下朝凌云"之说。

作为世界上最大的一尊摩崖石像，乐山大佛有着"山是一尊佛，佛是一座山"的美誉，联合国教科文组织世界遗产专家桑塞尔博士称赞它："乐山大佛堪与世界其他石刻，如斯芬克司和尼罗河的帝王谷媲美"。

国之瑰宝——曾侯乙编钟

我们的古人是了不起的，两千多年前，古人不仅在文学、哲学、雕塑等方面有很高的造诣，而且当时音乐方面也已经在世界上遥遥领先了。最具有说服力的便是"国之瑰宝"——曾侯乙编钟。

曾侯乙是战国时期曾国的一个姓"乙"的诸侯。他墓葬的规模是相当可观的，仅仅乐器就足以令人瞠目结舌。其中最令人震惊的就是堪称"国之瑰宝"的乐器——编钟。

整套编钟全部是由青铜铸造，共有65枚，称得上精美绝伦。每件钟体上都镌刻有金篆体铭文，正面均刻有"曾侯乙乍时"（曾侯乙作）。

曾侯乙编钟的音域跨越五个八度，只比现代钢琴少一个八度，中心音域十二个半音齐全。

我们的古人是聪慧无比的，两千年前就能制造出这么精美的乐器，在世界文化史上极为罕见。这充分体现了我国当时音乐艺术已经达到了相当的高度。

令人称奇叫绝的永乐大钟

每逢辞旧迎新之际，素有"钟王"之称的永乐大钟就会鸣钟三次，钟声悠远。这大钟到底有什么来头？是什么时候

铸造的？

这要从明朝永乐年间的朱棣皇帝说起了。当年，朱棣笃信佛教，认为自己为争帝位，杀人太多，怕遭来报应，总想解脱罪孽。由于佛法认为铸造佛钟能消灾灭难，于是，朱棣决定铸造一口满饰经咒的特大佛钟。这样，永乐大钟便问世了。

永乐大钟重46.5吨，通高6.75米，最大外径3.3米。在铸造时，几十座熔炉同时开炉，熔化的铜汁沿着泥做的槽道注入陶范，一次成形，工艺高超。大钟铸成后，存放在内府印经机构之一汉经厂。万历年间，大钟被移到万寿寺，每天由六个和尚敲钟。天启年间，时局动荡，大钟被弃于地上。1743年，大钟被移至觉生寺，觉生寺随后也因有了永乐大钟而改名为大钟寺了。

永乐大钟钟体一铸而成，遍身无一砂眼，也无铸造浇冒口。巨钟上薄下厚，钟形弧度多变，周身毫无磨削加工的痕迹，并且含锡比率曲线为铸钟的最佳比率曲线，故经得起重击而又不破坏音质。

永乐大钟钟声悠扬悦耳，轻击时，圆润深沉；重击时，浑厚洪亮，节奏明快优雅。声音最远可传90里，尾音长达2分钟以上，令人称奇叫绝。永乐大钟，以历史悠久、工艺精湛、声学特性一流而驰名中外，它既是我国艺术之瑰宝，又是劳动人民勤劳智慧的集中体现。

宋徽宗的《芙蓉锦鸡图》

在中国历代皇帝中，最爱书画的皇帝非宋徽宗赵佶莫属，《芙蓉锦鸡图》就是他最喜爱的一幅花鸟画。那么，《芙蓉锦鸡图》到底是一幅什么样的画呢？它是宋徽宗真迹吗？

宋徽宗赵佶的诗、书、画，在绘画史上有"三绝"之誉。《芙蓉锦鸡图》就是他的真迹，也是我国经典传世名画之一。此画作被历代皇帝所珍藏，画上的收藏印有"万历之宝""乾隆御览之宝""嘉庆御览之宝"等，显示出该画的独特魅力。

《芙蓉锦鸡图》为一幅绢本立轴，双勾重彩的工笔花鸟画。在画中，一只色彩绚丽的锦鸡落在芙蓉枝上，回首仰望一对翩翩飞舞的蝴蝶，显出一种跃跃欲试的神态。由于锦鸡的落下，芙蓉枝略微弯曲，似乎给人一种颤动的感觉，更显出花枝的柔美。

在这幅《芙蓉锦鸡图》中，赵佶将刹那间花、鸟、蝶三者的动态紧密联系在一起，别有一番生活情趣。整幅画面设色典雅瑰丽，充满了秋色中一派盎然的生机。本幅画的右上方有赵佶的题诗："秋劲拒霜盛，峨冠锦羽鸡。已知全五德，安逸胜凫鹥"，右下书款"宣和殿御制并书"，并书草押书"天下一人"。

酒器中的至尊——四羊方尊

在古代，"尊"是一种盛酒器，一般为圆形、鼓腹、大口，方形较为少见，也很珍贵。羊在古代寓意吉祥。国宝"四羊方尊"便是以四羊、四龙相对的造型来展现酒器中的至尊气象。

四羊方尊是我国现存商器中最大的方尊，方尊四角是四只卷角山羊，以脚踏实地的有力形象承担着尊体的重量。四只山羊形象宁静、威严。羊背和胸部饰有鳞纹，前腿为长冠鸟，圈足上饰有夔纹。方尊的边角及每一面中心线的合范处都是长棱脊，增强了造型的气势。羊角是事先铸成后配置在羊头的陶范内，再合范浇铸的。

此尊造型简洁、优美、奇特，寓动于静，采用线雕、浮雕手法，将器物与动物形状有机地结合起来。整个器物一气呵成，鬼斧神工，体现了当时高超的青铜铸造技术。

青铜之冠——后母戊鼎

鼎本来是一种日常饮食器物，但是在奴隶制鼎盛时代，鼎却成了贵族身份的代表和祭祀的"神器"。此外，鼎也是国家政权的象征。

鼎大多为三足圆形，四足的方鼎极为罕见。后母戊鼎便

是最负盛名的四足大方鼎。

后母戊鼎是商代后期王室祭祀用的青铜方鼎，因其腹部著有"司母戊"三字而得名，是商朝青铜器的代表作。后母戊鼎器型高大厚重，形制雄伟，气势宏大，纹势华丽，工艺高超。它的鼎高133厘米，鼎腹长方形，上竖两只直耳（发现时仅剩一耳，另一耳是后来据另一耳复制补上），下有四根圆柱形鼎足，是目前世界上发现的最大的青铜器。该鼎是商王武丁的儿子为祭祀母亲而铸造的。

宋代定窑孩儿枕

宋代以后，孩儿枕很流行。据说，乾隆对孩儿枕情有独钟，有一次得到了一件孩儿枕后，兴奋之余，诗兴大发，随口吟道："瓷枕通灵气，全胜玳与珊。眠云浑不觉，梦蝶更应安。"而在孩儿枕中最出名的当属宋代定窑孩儿枕原作。

这件宋代定窑孩儿枕原作一直被后世尊为国宝，它不仅工艺卓尔不凡，还有个动人的传说。

北宋时，有一对夫妻，同为烧窑能手，但结婚十年，却无子嗣。夫妻二人很着急。于是，他们就请了一个泥娃娃，供奉起来。

一年过去了，他们仍然没有孩子。丈夫一气之下将泥娃娃摔了个粉碎。这一摔将妻子的心摔了个粉碎，她觉得自己一辈子都不会怀孕了，在哭泣中进入了梦乡。睡梦中，她看见了一个小娃娃在草地上欢笑着奔跑，还不住地叫她娘。跑

累了，小娃娃头倚靠在胳膊上，笑盈盈地躺在了地上。

醒来之后，她把孩子的样子画在纸上，挑了一块上好的坯土，描摹出了一个小孩样的瓷枕头。丈夫见到妻子的所作所为，颇有感触，就将妻子所描绘的枕头精心烧制。这只孩儿枕就这样制成了。它精巧秀丽、栩栩如生，特别惹人喜爱，妻子枕着它睡觉，没想到过了半年，竟然怀孕了。夫妻认为这是孩儿枕的作用。于是，家里的孩儿枕便被供奉了起来。

民间传出这个故事后，各地窑口纷纷模仿制作孩儿枕，一时间，流行成风。但无论怎样模仿，从来没有人的水平超出定窑孩儿枕原作。

栩栩如生的"马踏飞燕"

古丝绸之路上的稀世珍宝——"马踏飞燕"的造型艺术令人叹为观止，这到底是怎样的一匹马？为何被雕塑得如此栩栩如生？

"马踏飞燕"出土于东汉晚期墓葬中，与它同时出土的还有其他一些文物，比如铜人、铜车、铜牛、陶器、大量钱币及不成形器物残件，其中它是最精致、最显眼的一件艺术品。

这匹铜马样子很神气：头顶花缨微扬，昂首扬尾，尾打飘结，三足腾空，右后足蹄踏一飞燕，飞燕展翅，惊愕回首，充分展现了奔马如飞、神速超群的意境。这匹铜马的重

心在那一只踩着飞燕着地的足上，既衬托了奔马超越飞燕的快速，又巧妙地以飞燕展开双翅的躯体冲着地平面稳定重心。这样巧妙的造型使得这匹马静中有动，充满威武奋发、一跃千里之气势。

　　"马踏飞燕"堪称古代艺术登峰造极之作。它具有深邃的思想内涵、卓越的艺术造诣、强烈的生活气息和高度的典型性，是我国古代劳动人民智慧的充分体现。

【外国部分】

迷雾重重的埃及金字塔

埃及人有一句著名的谚语："人类惧怕时间，而时间惧怕金字塔。"的确如此，经历几千年岁月的洗礼，金字塔并没有多少变化。究竟是什么神奇的力量使它依然完好如初呢？

古埃及人有为国王和王后建金字塔陵墓的风俗，因此埃及的金字塔很多，素有金字塔之国的美称。其中最宏伟的当然是胡夫金字塔，现在，它已经成为埃及国家和文明的象征。

胡夫金字塔由大约230万块石灰石和花岗岩垒叠而成，中间没有用任何材料来粘固，但这些石块之间吻合得天衣无缝。尽管历经了四千多年的风吹雨打，金字塔不但没有倒下，反而更加坚固了。石缝之间都插不进哪怕一把锋利的小刀。每一方石块平均有2.5吨，最重的达到100多吨。以当时的劳动条件，真是难以想象古埃及人是怎么把巨大的石块开采出来并且运到这里来的，又是如何把它们垒砌起来。而且金字塔的底部四边几乎对着正南、正北、正东、正西，误差小于1度。四千多年前的古埃及人又是如何精确地计算呢？

金字塔里迷雾重重，至今人们仍然没有能够破解它的全部谜团。

古巴比伦"空中花园"

古今中外的帝王将相中，不乏爱江山，更爱美人的。比如，周幽王烽火戏诸侯、吴三桂冲冠一怒为红颜、沙杰罕为宠妃建泰姬陵等。更有意思的是，巴比伦国王尼布甲尼撒二世为了宠妃住得舒服，竟然建造了一个世界奇迹——空中花园。

相传，公元前6世纪，尼布甲尼撒二世娶了一个名叫塞米拉米斯的宠妃。她生长于一个重峦叠嶂起伏的国度，与巴比伦尼亚的一马平川迥然不同。这位来自异国他乡的公主总是思念自己的国家，每天郁郁寡欢。国王非常心疼她，于是，下令仿照王妃故乡的模样，在巴比伦宫的西北角建了一座阶梯花园。这便是"空中花园"的来历。

相传，"空中花园"的景致非常美丽，犹如人间仙境。如此美景，引得无数建筑大师和艺术巨匠为之神往。公元前3世纪，希腊人安提巴特慕名来到巴比伦城，见到了心仪已久的"空中花园"。但此时的"空中花园"早已花草凋零，蜂蝶散尽，只剩一副"骨架"悬在空中。但是，安提巴特还是忍不住地向世人宣告："我找到'空中花园'了！"从此，世界考古学界沸腾了。围绕"空中花园"的学术争论，纷纷扰扰，喋喋不休。

"永恒面颊上的一滴眼泪"

现在，泰姬陵已经成为印度的标志。以至于有人说："不看泰姬陵就不算到过印度。"当然，泰姬陵不仅仅是一座古建筑，它还是爱情的丰碑。

泰戈尔说，泰姬陵是"永恒面颊上的一滴眼泪"。这个贴切恰当的比喻道出了一个哀婉的故事。

沙杰罕的妃子泰姬·玛哈尔美丽聪慧，多才多艺，深得沙杰罕宠爱。但不幸的是泰姬在生下第十四个孩子后死去。沙杰罕悲痛欲绝，于是动用了皇族的特权，倾举国之力，用二十二年时间为爱妻建造了泰姬陵。泰姬陵通体用白色大理石砌成，外形华美、雍容，寝宫门窗及围屏都用白色大理石镂雕成菱形带花边的小格，墙上用翡翠、水晶、玛瑙、红绿宝石镶嵌成色彩艳丽的藤蔓花朵，在光线的照耀下，宛若璀璨繁星。

泰姬陵完工不久，沙杰罕的儿子弑兄杀弟篡位，他自己也被囚禁在阿格拉堡。此后整整八年时间，沙杰罕只能痴痴地凝望着数公里外爱人的陵墓。

神奇的亚历山大灯塔

在赫赫有名的世界七大奇观中，有两个在埃及，一个是埃及的吉萨金字塔，另一个就是神奇的亚历山大灯塔。

关于埃及的亚历山大灯塔的来历，还有一个故事。

相传，在公元前280年的一天夜里，天阴沉沉的，没有星星和月亮，几乎是伸手不见五指。一艘埃及的皇家喜船，在兴冲冲地驶入亚历山大港时，不幸触礁。船上所有的皇亲国戚以及新娘全部葬身大海。

埃及国王托勒密二世知道这个消息后，悲痛欲绝，为此下令在最大的港口入口处，修建导航灯塔，经过人们夜以继日的艰苦努力，一座雄伟壮观的灯塔建成了，它就是亚历山大法罗斯灯塔，简称"亚历山大灯塔"。当然，这只是关于灯塔的一个动人的传说，亚历山大灯塔的由来其实和当时繁荣的商业贸易有关。

亚历山大曾经一度是世界上最繁华的港口之一，是地中海东部最大的转运港。频繁的贸易往来，迫切需要有一座灯塔，来指引船只夜间航行。于是，凝聚了古埃及人智慧的亚历山大灯塔便应运而生了。有了灯塔以后，亚历山大的海上贸易更加繁荣了。

这座巨型灯塔从公元前281年建成点燃起，直到公元641年阿拉伯伊斯兰大军征服埃及，灯塔的火焰才熄灭。它日夜不熄地燃烧了近千年，这样的灯塔在人类历史上是绝无仅有的。

差点被人遗忘的阿尔忒弥斯神庙

被称为古代世界七大奇迹之一的阿尔忒弥斯神庙，位于

现在土耳其的爱奥尼亚海滨，《圣经》里把这个地方称为以弗所。它曾经在漫长的岁月里不见天日，还差点儿被人们遗忘，不过最终人们还是记起了它，并且幸运地找到了它。

从公元前8世纪起，以弗所就是希腊人崇拜阿尔忒弥斯的中心。相传，阿尔忒弥斯是月亮神，同时也是湖泊水神和女人生活的监护神。为了表示对神的信仰与敬畏，人们于公元前6世纪开始建造阿尔忒弥斯神庙。

这座神殿由当时希腊著名的建筑师车西夫若恩设计，著名的雕刻家菲迪亚斯、坡留克来妥斯等人也先后参与到这一工程中，神殿中的许多技艺精湛的雕刻都出自这几位艺术家之手。这座神庙共花了一百二十年的时间才建成。它是古希腊神庙建筑中最宏大的工程。

公元前356年，一场大火将神庙毁了大半。随后人们又在原址上进行了重建。几百年之后，它再次被摧毁，于是它逐渐被人遗忘。

19世纪后半叶，人们的一次偶然的发掘，才找到《圣经》里曾经提到过的那座著名城市以弗所的遗址，并找到了阿尔忒弥斯神庙遗址。

帕特农神庙：雅典娜的神殿

有"希腊国宝"之称的帕特农神庙，在古希腊全盛时期，是一座金碧辉煌的神庙。可是，经过岁月的冲刷，它仅留有一座石柱林立的外壳。究竟发生了什么事情，使它当年的风貌断然无存？

帕特农神庙建于公元前4世纪，是为雅典城邦守护神雅典娜而建的祭殿。整个庙宇由凿有凹槽的46根大理石柱环绕。柱间的殿墙上，雕刻着诸神的图像和珍禽异兽。在东边的人字墙上有一组浮雕，镌刻着智慧女神雅典娜诞生时的故事；在西边的人字墙上雕绘着雅典娜与海神波塞冬争夺雅典城的故事。在帕特农神庙里，原来还供奉着一尊高大的雅典娜女神的雕像，但不幸的是，雕像在公元146年被罗马帝国掳走，在海上失落了。

帕特农神庙的命运可谓艰难坎坷。公元393年它被改作基督教堂。在土耳其统治时期，它又成了伊斯兰的寺院。1687年威尼斯军队炮轰城堡，击中神庙内的火药库，使得帕特农神庙庙顶和殿墙全部炸塌。

这座历经两千年沧桑巨变的神庙，如今庙顶已坍塌，雕像荡然无存，浮雕剥蚀严重，但从残存的石柱上，我们依然可以看到帕特农神庙当年的风光。

血腥的古罗马斗兽场

在古罗马，奴隶主和贵族有一项爱好——看斗兽。而和野兽斗争的大多是奴隶和罪犯，这是一场残忍的斗争，充满了血腥味。这种斗兽有固定的场所，现存的古罗马斗兽场就是其中之一。

古罗马斗兽场位于意大利，是罗马最宏伟的古建筑之一，也是古罗马帝国和罗马城的象征，是当今世界八大名胜之一。据说，当年这里是罗马帝国暴君尼禄的御花园，斗兽场建在一个小湖之中。古罗马斗兽场的高度相当于19层楼那么高，大约能容纳9万人，共有60排座位，这些座位分为下层座、中层座及上层座，顶层还有一个只能站着的看台，是给那些社会底层人准备的。但即使在其他层，座位也是按照社会地位和职业状况安排的。皇室成员和守望圣火的贞女们拥有特殊的包厢，元老们坐在同一层的"唱诗席"中，然后依次是武士和平民、士兵、诗人、学者等。

斗兽场是一个充满血腥味的地方，角斗士要与一只野兽搏斗直到一方死亡为止，同时也有人与人之间的搏斗。根据罗马史学家狄奥·卡西乌斯的记载，斗兽场建成时，5000头猛兽和3000多个奴隶、犯人进行角斗，盛况空前，前后持续了整整100天。

比萨斜塔"斜而不倒"

你可以没有吃过意大利面，可以对意大利的历史不甚了解，甚至可以不知道意大利在地图上的具体位置，但是，你却不能不知道比萨斜塔。

意大利的比萨斜塔之所以闻名世界，恐怕要归结为两个原因：一是它依靠"斜而不倒"成了世界建筑史上的"绝笔"；二是伽利略曾在这个斜塔上做过一个改变世界的实验。

比萨斜塔位于意大利中部比萨城内，是一组古罗马建筑群中的钟楼。建塔之初，塔体还是笔直向上的。但兴建至第三层时，发现塔体开始倾斜，工程被迫停工。待塔停建九十六年后，又开始继续施工。为了防止塔身再度倾斜，工程师们采取了一系列补救措施，但是没有什么效果。建成后，塔顶中心点还是偏离塔体中心垂直线2米左右。六百多年来，它仍然继续而缓慢地向南倾斜。1972年10月，意大利发生了一次大地震，整个塔身大幅度摇晃达22分钟之久，幸运的是，该塔仍"斜而不倾"，因此它堪称世界建筑史上的奇迹。

1590年，意大利的伟大科学家伽利略，曾在比萨斜塔的顶层做过自由落体运动的实验。他让两个重量相差10倍的铁球同时从塔顶落下，结果，两球同时着地，一举推翻两千年前古希腊著名学者亚里士多德"物体下落速度与重量成正比"的理论，开创了物理学史上的一个新纪元。

自由女神像

自由女神像早已成为美国以及美利坚民族精神的象征。每每提到美国时，恐怕最先浮现在人们脑海的就是美国的自由女神像。

自由女神像是法国政府于1876年为纪念美国独立战争胜利100周年而建造的。自从1886年落成以来，自由女神像就一直耸立在美国纽约市曼哈顿以西的一个小岛——自由岛

上。她手持火炬，矗立在纽约港入口处，日夜守望着这座大都市，并迎来了数不尽的移民。

女神像的正式名称是"照耀世界的自由女神"。女神的形象源于雕塑家巴托尔迪在17岁时目睹的最难忘、最激动的一幕。1851年，路易·波拿巴发动了政变。一天，一群共和国党人在街头与政变者展开斗争。暮色时分，一位忠于共和政权的年轻姑娘，手持燃烧的火炬，高呼"前进"的口号向敌人冲去，不幸中弹牺牲。从此，这位勇敢姑娘就成了雕塑家心中追求自由的象征。另外，女神像的形体以巴托尔迪后来的妻子为原型创作，面容则取自他的母亲。女神头戴光芒四射的冠冕，身着罗马式宽松长袍，右手高擎象征自由的火炬，左手紧握《美国独立宣言》，女神气宇轩昂、神态刚毅，有一种神圣不可侵犯的气势。

当黑夜逐渐拉开序幕时，神像基座的灯光向上照射，照亮了女神美丽的容颜。而从女神冠冕的窗孔中射出的灯光，使女神的冠冕更加瑰丽，为喧嚣的都市之夜添上了一道绚丽的景致。

婆罗浮屠佛塔遗迹

在印度尼西亚，有一座古佛塔遗迹，堪称"印尼的金字塔"，它就是建于8世纪的婆罗浮屠佛塔。这座佛塔是目前世界上最大的佛塔遗迹，是南半球最宏伟的古迹，还是世界闻名的石刻艺术宝库。

　　"婆罗浮屠"，意为丘陵上的寺庙。它大约建于778年，费时五十至七十年才建成。但随着15世纪当地居民改信伊斯兰教，婆罗浮屠逐渐废弃，后因火山爆发而遭埋没。直到19世纪初，人们才从茂密的丛林中发现了这座宏伟的佛塔。

　　婆罗浮屠佛塔有10层高，共有姿态各异的佛像505尊，分别置入佛龛和塔顶的舍利塔中。塔底四面墙内有160幅浮雕，塔身墙上、栏杆上均饰有浮雕，整座塔共计有1300幅叙事浮雕，1212幅装饰浮雕。第一层走廊的浮雕，描绘了佛陀从降生到涅槃的全部过程。第二、三、四层的浮雕描绘佛陀、菩萨与飞鸟、舞女乐师、渔民猎人杂处，并到处寻找人生真谛的过程，国王、武士和战争也都是经常表现的题材。值得一提的是雕刻家的技艺之高，所有的浮雕几乎无一不是栩栩如生。

世界首部成文法典：《汉穆拉比法典》

　　知道巴比伦的人，几乎都知道一部法典——《汉穆拉比法典》，它虽然不是最早的一部法典，但却是第一部较为完备的成文法典。

　　公元前2000年，阿摩利人建立了巴比伦王国，并定巴比伦城为首都。公元前1792年，汉谟拉比即位，征服了苏美尔人和阿卡德人，统一了美索不达米亚平原，并颁布了世界上第一部较为完备的成文法典——《汉穆拉比法典》。

　　《汉穆拉比法典》在刚确立的时候，刻在一个石柱上，并置于巴比伦的马都克神庙，约在公元前12世纪，被埃兰人作为战利品带到苏撒，1901年，由法国、伊朗考古队发现，现存巴黎卢浮宫博物馆。

　　《汉穆拉比法典》共有282条，刻在一块高2.25米的黑色玄武岩石柱上。石柱上端是浮雕，日神端坐右边，将法典授予汉谟拉比。浮雕下面布满楔形文，共49栏，3500行，8000余字，可以分为序、本文、跋三部分。序言和跋将国王描绘成神圣君主，尽情称颂他的文治武功，宣扬编法目的在于发扬公道，铲除邪恶。

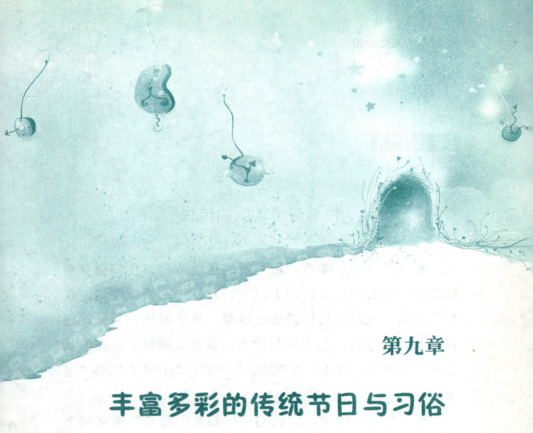

第九章

丰富多彩的传统节日与习俗

春节与"年"的传说

春节是我国最隆重、最热闹的传统节日。我们会穿着新衣服，提着小灯笼，约上三五好友，一起去放鞭炮。在春节期间，我们还能轻轻松松地赚一笔压岁钱。另外，还有吃不完的零食，玩不完的游戏，真是太惬意了。在游玩之余，你有没有想过，春节是怎么来的？为什么人们要"过年"呢？

春节是由西周时，农民的年终祭祀"腊祭"演变过来的，是一年中关于农事最大的祭典节日。在这一天，人们拿出各种贡品来报答上天的恩赐，期盼风调雨顺，五谷丰登。

关于春节过年的来历，还有这样一个传说。相传上古时，有一种叫作"年"的独角大怪兽，每到岁末，就出来吃人，一口气就能吸杀许多人。人们为此担惊受怕，后来，有个白胡子老头子洪钧出现了，并自告奋勇要降服"年"。

洪钧找到"年"对它说："人们都说世上数你最厉害，我不认为。南山中有条巨蟒，称王称霸，谁也不怕，你敢和它较量吗？""年"火冒三丈，它跑到南山把巨蟒吸杀了。洪钧又说："'年'啊！北山有头狮子，号称百兽之王，你敢吸杀它吗？""年"说："这有什么可怕的。"果然，

"年"跑到北山，把那头猛狮吸杀掉。洪钧又说："有一只白额大虎，所有野兽都怕它。你能吃掉它吗？""年"不顾疲劳，把老虎也除掉了。洪钧借助"年"的力量，驱除了那些猛兽，然后骑着"年"上天去了。

原来，洪钧是位神仙。洪钧走的时候嘱咐人们：每到冬春交接过"年"关时，家家户户都要贴红纸，燃爆竹，以防"年"再度危害人间。

为什么过年贴"倒福"

在我国，每逢新春佳节，家家户户都要贴上"福"字。有人干脆将"福"字倒过来贴，表示"幸福己经到了！"其实，这可不是什么创新的做法，我们的古人就已经有这么贴"福"的了。

据说，明太祖朱元璋当年用"福"字做暗记，准备把那些他不满意的人统统杀掉。当时朱元璋的一些手下，接到密令贴上了"福"字。朱元璋的妻子马皇后心地善良，想到夫君要把没有贴"福"字的人家全部杀掉，心里很难受。为消除这场灾祸，马皇后就悄悄地让全城所有的人家，在天明之前往自家门上贴上一个"福"字。于是第二天早上，京城里家家门上都贴了"福"字。但还是有一户人家不识字，竟把"福"字贴倒了。

到了第二天，朱皇帝派人上街查看，发现每家都贴了"福"字，分不出要杀掉的人家。只是看到有一家把"福"

字贴倒了，手底下的人只好把这个情况报告上去。朱皇帝听了，拍案大怒，说把"福"字贴倒过来是不轨行为，是说当朝生活不幸福。朱皇帝想将那家人满门抄斩。善良的马皇后连忙对朱元璋说："那家人的情况我知道，那是知道您今日要来访，就是把幸福带到百姓家里，所以就故意把'福'字贴倒了，这不是'福已经到了'的意思吗？"朱皇帝一听有道理，于是便下令放了这家人。

消息传到了民间，人们从此便在新春之时将"福"字倒贴起来，一是求大吉大利，二也是为了纪念善良的马皇后。

除夕"守岁"的习俗是怎么来的

每年除夕之夜，我们都要通宵不寐来"守岁"，聊天谈笑、打扑克、放鞭炮、看电视、包饺子……"守岁"是我们的一种传统习俗，那么除夕为什么一定要"守岁"呢？

"守岁"这种习俗源于南北朝，梁朝的庾肩吾、徐君倩，都有守岁的诗文。"一夜连双岁，五更分二年。"古时，守岁也叫"照虚耗"，人们点起蜡烛或油灯，彻夜照明，通宵守夜，象征着用光亮把一切邪疫驱走，期待着新的一年吉祥如意。这种风俗后来广为流传，一直沿袭到今天。

关于"守岁"，民间有一个流传很广的故事。传说，古时候，有一种小妖，手是白色的，身子浑黑，名字叫"祟"，每年的大年三十夜里跑出来危害人们。它用手在

熟睡的孩子头上摸三下，孩子吓得哭起来，然后就会高烧不止，呓语不停，从此得病，几天后热退病去，但聪明机灵的孩子却变成痴呆疯癫的人了。人们怕祟来危害自己的孩子，于是，在大年三十夜里，就点亮灯火团坐不睡，称为"守祟"，因谐音，又称为"守岁"。

元宵节是国人的狂欢节

每逢元宵佳节，人们便纷纷走出家门"闹"元宵，街道上人群熙熙攘攘，有赏月的、有观灯的、有猜灯谜的、有舞狮子的、有扭秧歌的……一片喜洋洋的狂欢景象。

元宵节是我国的传统节日，西汉时期就已经有了这个节日。但元宵赏灯始于东汉明帝时期，明帝提倡佛教，下诏全国上下于正月十五这天晚上点灯敬佛。以后，祭祀、礼佛、民俗三项活动叠加，使元宵节越过越热闹，越过节庆时间越长，活动越多。汉代元宵节才一天，可是到了明代时，延长到了十天。

在古代，元宵节那天，人们的活动甚至比现在还要多，还要热闹。甚至当时不允许抛头露面的年轻女性，在元宵节这天，也可以走出家门，在灯火下载歌载舞，会一会情人。当时文人笔下的一些诗句，如"千门开锁万灯明，正月中旬动地京"，"去年元夜时，花市灯如昼。月上柳梢头，人约黄昏后"等，也都反映了当时那种全民狂欢的"乐"与"闹"。

时至今日，元宵节的"闹"意依然不减当年，元宵节真可谓国人的"狂欢节"。

清明节是怎么来的

清明这天，许多小孩会被爸爸妈妈带着去祭祖、扫墓，因此，不用细说，我们也知道这是一个祭祖的日子。可是，这一天是怎么来的呢？

清明节约始于距今两千多年前的周朝。清明最开始是一个很重要的节气，清明一到，温度就开始回升，正是春天耕种的好时节，因此有"清明前后，种瓜种豆"的农谚。

由于清明与寒食的日子接近，而寒食是民间禁火扫墓的日子，于是，这两个节气就逐渐混淆。清明节的内涵不断丰富，清明节既指节气，又包括了纪念的意义。

公元732年，唐明皇颁布了一道御旨："寒食上坟，礼经无文，近世相传，已成习俗……使之永为例程。"从此以后，人们把清明作为祭奠先人的节日。

而寒食既成为清明的别称，也变成清明时节的一个习俗，清明之日不动烟火，只吃凉的食品。

端午节吃粽子赛龙舟的由来

端午节时，家家户户包粽子、挂钟馗像，还会给小孩佩香囊，在南方，还有别具情趣、精彩热闹的赛龙舟。民间还会组织比武、击球、荡秋千等活动，到处都是一派热热闹闹的气象。那么问题来了：端午节为什么要吃粽子和赛龙舟呢？

人们这么做，其实是为了纪念屈原。屈原是战国时期的楚国人。他是王族出身，从小博览群书，才华横溢，年轻时很受楚怀王器重，一直担任左徒的职位。他忧国忧民，凡事都为百姓考虑，因此，他受到旧势力的忌恨。他们经常向楚怀王说屈原的坏话，于是屈原逐渐被疏远了。后来楚怀王彻底不喜欢屈原了，他不接受屈原的劝告，被张仪骗到秦国，忧虑而死。屈原知道这个消息后，悲愤欲绝，向新任国君顷襄王上书，提出一系列中肯的政治主张，哪料顷襄王反而流放了屈原。

不久秦国占领了楚国的郢都，导致楚国大地生灵涂炭。被流放在外地的屈原知道自己的国家灭亡后，满怀悲愤，在这年的五月初五抱着石头跳下了汨罗江。

江上的渔夫们知道自己敬仰的屈大夫沉江后，都撑着船，争先恐后地打捞。滔滔江水，早已把屈原淹没得无影无踪了。人们打捞不出屈原的尸体，于是纷纷向江里投掷食物，说是让江中的鱼虾吃饱后不再吃屈大夫的尸身，有个医生还给江里倒了些雄黄酒，说它能把江中的蛟龙灌晕……

从此，每年五月初五，汨罗江畔都要举行龙舟竞赛，再现当年抢救屈原的情形。此外，人们还往江水中投进屈原爱吃的食物进行祭奠。

据说到了汉代建武年间，一个长沙人碰到一位自称是屈原的人对他说："你们每年给我祭奠的竹筒米很好吃，可惜我吃不到，都被蛟龙吃了。希望你们以后祭祀时，用艾叶把竹筒的口塞住，再用五色丝线把它捆牢，因为蛟龙最怕这些东西。"这个长沙人便赶快叫人照办。

从此以后，人们就用艾叶包糯米。到了明代，人们又用芦苇叶代替了艾叶包糯米，这就是今天的粽子。

七夕节和牛郎织女的故事

阴历七月初七晚上，叫作"七夕"。据说，这天晚上，你如果坐在葡萄藤下，还能听到牛郎织女窃窃私语呢！

相传这天是牛郎和织女在天桥上约会的日子。织女是天上的仙女，她心灵手巧，昼夜坐在织布机前劳作，织出了天上的云霞。她后来和凡间的牛郎成了亲，两人相亲相爱，过着男耕女织的快乐生活。后来织女生下了一男一女。

王母娘娘知道织女与牛郎结婚生子这件事后，非常气愤。有一天，她趁牛郎在地里耕种的时候，强行将织女拉上天宫。

两个孩子跑到地里，哭哭啼啼地把这个消息告诉给牛郎。老牛在一旁听了，对急得不知所措的主人说："牛郎，这是王母娘娘亲自出马把织女拉回天宫惩罚去了。快，快把我的皮剥下披上，带着孩子去追赶吧！"它说完，就一头撞死在树上。

牛郎痛惜地剥下老牛的皮，披在身上，用箩筐把两个小

孩担上，一跃而起，追赶过去。

织女在绝望中忽然听到身后牛郎和孩子们的哭喊声，非常惊喜。她不顾一切挣脱王母娘娘的手，向家人跑去。王母娘娘眼看他们就要相聚，急忙从头上拔下一个金簪在身后一划，天上立刻出现一条天河。牛郎无法飞越这条河，眼睁睁地望着对岸的妻子，万分悲痛。喜鹊们对牛郎和织女的遭遇十分同情，它们纷纷飞到天河边，互相咬着尾巴，搭起一座天桥，让牛郎和织女相会。王母娘娘被这种情景感动了，只好允许他们在七月初七这天由喜鹊搭桥聚会一次。

从此以后，牛郎和织女隔着一条银河，他们"盈盈一水间，脉脉不得语"。只有在七月初七这天，踩着鹊桥，一家团聚。

中秋节的来历

中秋节可真是个好节日，我们既可以欣赏长空中的皓月，又能够吃到多种口味的月饼。据说那天还可以看到月亮里的嫦娥、玉兔、月桂树。有的爷爷奶奶在这天还会给我们讲故事，其中就有关于中秋节来历的故事。

相传，远古时候天上有十个太阳，晒得生稼枯死，民不聊生。一个名叫后羿的英雄登上昆仑山顶，拉开神弓，一下子射下来了九个太阳，并严令最后一个太阳按时起落，为民造福，后羿因此受到百姓的尊敬和爱戴。后来后羿娶了个美丽善良的妻子，名叫嫦娥，俩人非常恩爱。

不少有志之士慕名前来投师学艺，但与此同时，满肚子坏心眼的蓬蒙也混了进来。一天，后羿向王母求得一包不死药。据说，服下此药，能即刻升天成仙。后羿把不死药交给嫦娥珍藏。嫦娥将药藏进梳妆台的百宝匣里，不料被小人蓬蒙看见了，他想偷吃仙药。

三天后，后羿外出狩猎，心怀鬼胎的蓬蒙手持宝剑闯入内宅后院，威逼嫦娥交出不死药。危急之时，嫦娥吞下仙药，飞向了月亮上。

后羿知道这件事情后，既惊又怒，想抽剑去杀恶徒，然而蓬蒙早逃走了，后羿悲痛欲绝，仰望着夜空呼唤爱妻的名字，这时他发现，皎洁的月亮上有一个晃动的身影酷似嫦娥。他拼命追月，可是他无论怎样也追不到跟前。

后羿无可奈何，又思念妻子，只好派人到嫦娥喜爱的后花园里，摆上香案，放上她最爱吃的鲜果，遥祭月宫里的嫦娥。百姓们知道嫦娥成仙这件事后，纷纷在月下摆设香案，向善良的嫦娥祈求吉祥平安。从此，中秋节拜月的风俗在民间传开了。

重阳节与庆贺长久有关

农历九月初九是我国传统的重阳节。有的人说这一天要登高，有的人说这一天要亲人团聚，还有的人说这一天要去敬老院关心老人。关于重阳节的说法，到底孰对孰错？

重阳节，正是金秋时节，在古代的时候，人们在这一

天观赏菊花、佩戴茱萸（一种浓香的药草），所以那时候，重阳节又叫茱萸节、菊花节。在我国古代，九这个数字叫作"阳数"，九月初九，有两个"九"，因此叫作"重阳"。其实，早在战国时代就已经形成了这个节日的雏形，到了汉代，渐渐盛行起来，唐代的时候正式定为节日。

重阳节，实际上是我国农民庆祝丰收的一个节日。因"九"与"久"谐音，"久久"有"长长久久""年年丰收"之意。重阳节有出游登高、赏菊、插茱萸、放风筝、饮菊花酒、吃重阳糕等习俗。历史上很多诗人都写过歌咏重阳节的诗句。唐代的王维就写过一首脍炙人口的佳作《九月九日忆山东兄弟》："独在异乡为异客，每逢佳节倍思亲。遥望兄弟登高处，遍插茱萸少一人。"这首诗广为传颂。

不管重阳是哪一种节日，都与庆贺长久有关，所以到了近世，重阳又成了为老年人庆寿的"老人节"。因此，我国重阳节为敬老节，每年九月初九，在全国开展敬老活动，关心老人生活，请老人参加庆祝会，观看文艺演出等。

腊八为什么要喝腊八粥

古时候，很多文人墨客喜欢在腊八这天吟诗作赋，并品尝美味的腊八粥。比如，宋代的陆游就有一首关于腊八的诗——《十二月八日步至西村》。这首诗其中两句："今朝佛粥交相馈，更觉江村节物新。"说明了一千多年前的腊八那天，人们已经在喝腊八粥了。人们不禁要问：民间腊八喝

粥的习俗是从什么时候开始的呢？

相传，在古印度北部的迦毗罗卫国有个净饭王。他的儿子乔答摩·悉达多在青年时就对人世的生、老、病、死感到十分苦恼，到29岁那年便舍弃了王子的优越生活，游遍印度的名山大川，苦苦修行，探求人生的真谛，他就是佛教创始人释迦牟尼。

有一次，他来到北印度的摩揭陀国。这里地广人稀，气候酷热，释迦牟尼又累又饿，昏倒在荒野中。有一位放牧的姑娘正巧来到这里，看见释迦牟尼跌倒在地，急忙过来把他扶起，并用自己的午餐——杂米粥再加些采摘来的野果，一口一口地喂他。释迦牟尼吃了这甜美可口的粥后，顿时神清气爽，跳进尼连禅河中洗了一个澡，然后在菩提树下静坐沉思，并在这一天成了佛。

从此以后，每到腊月初七晚上，和尚们便准备米果，连夜煮粥，到腊八早晨，仿效牧女向佛敬献"乳糜"，纪念佛祖。

后来，这一习俗传到民间，人们也开始在腊八这天熬腊八粥。除了要先供佛，还要在晌午之前分馈给亲友。而这种风俗流传至今已无迷信色彩，人们喝腊八粥只是以应节令而已。

冬至吃"饺子"的原因

据说，冬至吃饺子，可以防冻御寒。在我国北方一些地方，也都流传这样的民谚："冬至吃饺子，不再冻耳朵。""饺子"不就是用面皮包的馅肉吗？真有这么神奇的效果吗？

"冬至吃饺子"这种民俗其实来源于一个动人的民间传说。东汉时期，有位叫张仲景的名医，各种疑难病症经他治疗都能药到病除。

有一年冬天，张仲景的家乡南阳一带天气奇冷，不少人耳朵生了冻疮。张仲景就让弟弟在村中一块空地上搭起棚子，盘上大锅台，然后把辣椒和一些祛寒药放到锅里熬，又把用面皮、羊肉包成的食物"娇耳"下锅煮。煮好后发给每个生疮者一碗药汤、两个"娇耳"，张仲景把这叫作"祛寒娇耳汤"。据说病人吃后浑身发暖，两耳发热，冻疮很快就好了。

因为张仲景是在冬至这天施舍"祛寒娇耳汤"的，后来又是在冬至这天去世的，为纪念这位妙手回春的名医，从此冬至这天家家户户吃饺子。

为什么过生日流行吃长寿面

生日吃长寿面是个由来已久的风俗。如果非要追究它的来头的话，那可要追溯到汉武帝和东方朔之间一次有趣的对话了。

相传，汉武帝很迷信，他崇信鬼神又相信相术。一天，他与大臣闲聊，说到人的寿命长短时，汉武帝说："《相

书》上讲，如果一个人的人中长，寿命就长，若这个人的人中有 1 寸长，就可以活到100岁。"汉武帝身边的宠臣东方朔听后就大笑了起来，众大臣莫名其妙，都认为东方朔这个人也太不懂礼节了。汉武帝问他笑什么，东方朔解释说："我不是笑陛下，而是笑彭祖。人活100岁，人中 1 寸长，照这样推论，彭祖活了800岁，他的人中就长 8 寸，那他的脸有多长啊。"

大臣们听了东方朔的话，也大笑起来，看来想长寿，靠脸长长点是不可能的，但可以想个变通的办法来祈求自己长寿。脸即面，那么"脸长"也就是"面长"，于是从此以后，人们就借用长长的面条来祝福长寿。渐渐地，这种庆祝长寿的方法就演化为生日时吃面条的习惯，并且称生日这天吃的面条为"长寿面"。一直到今天，很多地方依然保留着这种习俗。

小孩周岁"抓周"的由来

刚满周岁的小孩，蹒跚学步，咿呀学语，十分招人喜欢。小孩在满周这天，父母往往会请来很多亲戚朋友，有的家庭还会让孩子"抓周"。

"抓周"这种风俗由来已久，也就是小孩刚满周岁时，父母会在他（她）面前摆上各种玩具和生活用品，任其随意抓取，以此来占卜、预测孩子将来的志趣、性情和前途。

抓周的习俗出现于南北朝时期，到了唐宋时代，抓周的习俗则更为流行。当时,富贵人家将抓周搞得十分隆重,他们烧香秉烛,铺锦席于中堂,席上放各种物件,将小儿放在中间坐着,然后看他先取什么。这天还要摆席设宴,同时接受亲朋的礼物,有的还要演戏助兴。

现在大部分家庭已不会相信抓周会有如此神妙的功能,但抓周作为一种富有童趣的游戏,仍为家庭增添了许多欢乐和趣味。

【 外国部分 】

圣诞节是怎么来的

在我们很小的时候，爸爸妈妈告诉我们，这个世界上有一个穿红装、留白胡子的圣诞老人，每到圣诞节这天，他便会骑在驯鹿上，拉着装满玩具和礼物的雪橇给每一个孩子送礼物，当然是在我们熟睡的时候才会送来。于是我们总盼望圣诞节这一天的来临，同时，也为有这样一个节日而兴高采烈。那么，这个节日是怎么来的呢？

每年的12月25号，是许多国家最为隆重的节日——圣诞节。它是基督教为了纪念耶稣诞生而设的节日，因而又名耶诞节。这一天，全世界的基督教会都会举行特别的仪式来纪念耶稣的诞生。

罗马教会早在公元336年，就把12月25日定为圣诞节。到了中世纪初，圣诞节已经成为教会的传统宗教节日。后来，圣诞节开始大众化，宗教节日的色彩逐渐变淡，演变成许多国家的法定节日。

现在，人们用圣诞树、圣诞老人营造节日气氛，共进圣诞晚餐，互赠圣诞礼物，唱圣诞歌，一起狂欢平安夜……这都使圣诞节成为一个普天同庆的盛大节日。

耶稣的复活——复活节

复活节前夕，你可能会很兴奋地忙活着，全神贯注地往鸡蛋上画画，希望画出最美的彩绘蛋送给家人和好朋友，并且开始期望复活节的礼物。可是，这个舶来节到底有着怎样的寓意呢？

每年春分月圆后的第一个星期日是复活节，在欧美国家，它是仅次于圣诞节的重大节日。复活节是基督教为了纪念耶稣复活的节日。相传，耶稣是在他去参加犹太教"逾越节"那天被钉在十字架上的，他死后复活升天。他复活的日子又恰恰是古代斯堪的纳维亚地区庆祝大地回春的"春太阳节"。后来，"复活节"逐渐取代了"春太阳节"和"逾越节"。

古代，各地复活节日期有些偏差，公元325年，在罗马帝国的一次教士会议上，决定以每年春分月圆之后的第一个星期日作为"复活节"。

复活节期间的彩蛋象征太阳与美好幸福的生活，送给亲朋好友彩蛋，也意味着你送去了美好的祝福。

感恩的节日——感恩节

"感恩的心，感谢有你，伴我一生，让我有勇气做我自己……"想必你也曾听过这首歌。对他人和社会要有感恩的心，这是父母和老师对我们的谆谆教导。感恩这种美德不仅仅是我们的传统美德，也是外国人的传统美德，他们还有专门的节日——感恩节。

感恩节是北美庆贺丰收的民间节日。美国的感恩节为每年11月的第四个星期四，人们在那天感谢那些曾经帮助过自己的人。关于这个节日的由来，还有一个有趣的故事。

1620年，著名的"五月花"号船满载着102名不能忍受英国国内宗教迫害的清教徒逃出英国，他们于当年的11月21日到了美洲马萨诸塞州的普利茅斯，因为人地生疏，又没有带足够的粮食，天气也越加恶劣，他们遇到了难以想象的困难，处在饥寒交迫之中，活下来的移民只有50来人。这时，当地善良的印第安人给他们送来了食物，到了春天，当地人还教他们怎样狩猎、捕鱼和种植玉米、南瓜。

第二年，他们在当地人的帮助下，终于获得了丰收，这些清教徒为了感谢上帝赐予的大丰收和当地印第安人的帮助，于1621年的秋天，用火鸡、玉米、红薯等做成美味佳肴，邀请当地的印第安人来一起进餐。他们一连狂欢了三天。如此年复一年，逐渐形成了固定的节日。1795年，美国的第一任总统宣布感恩节为全国性节日。以后，每逢感恩节这一天，美国举国狂欢，人们按照习俗前往教堂做感恩祈祷，还会搞各种各样的娱乐活动。分开的亲人朋友也在这一天从四面八方赶来，相聚在一起，共同品尝感恩节的盛宴。

"四月傻瓜" 是怎么来的

在4月1日愚人节这天，你或许会想些奇怪的点子捉弄一下你的小伙伴，或者骗骗你的父母，当他们上当时，你就会喊"四月傻瓜"，然后笑着转身跑开。那么，愚人节"四月傻瓜"到底是怎么来的？

西方的民间传统节日——愚人节，也称万愚节，它起源于法国。1564年，法国首先采用新改革的纪年法——格里高利历(即现在通用的阳历)，以1月1日为一年的开端，但一些守旧的人反对这种改革，他们坚持过去以4月1日作为新年开端的历法，并且依旧在4月1日这天互赠礼物，庆贺新年。主张改革的人对这些守旧者的做法大加嘲弄。改革派中，一些机智滑稽的人便在4月1日这天给顽固派赠送假礼物，邀请他们参加假的宴会，并把这些受愚弄的保守派人士称为"四月傻瓜"或"上钩之鱼"。

从此，人们在这一天相互愚弄，并逐渐演变成法国流行的一种风俗。该节在18世纪流传到英国，后来又被英国早期移民带到了美国。

现在，很多国家的人都在过这个有趣的节日，人们会在这天开一些并不离谱，轻松幽默的玩笑，被捉弄的人也引以为乐。

万圣节：西方的鬼节

在西方国家，每年的10月31日晚上，孩子们就会打扮成鬼精灵模样，提着南瓜灯笼，挨家讨糖吃。孩子们还千篇一律地说"不请吃就捣乱"，以此来获得主人的糖果。这一天，便是西方国家的传统节日——万圣节。

万圣节俗称"鬼节"。公元835年，罗马天主教将11月1日定为万圣节，以纪念宗教的先驱者。万圣节前夜，人们会点燃篝火，戴着面具来吓走"魔鬼"和"鬼魂"；带着贡品请求上苍赐予好收成。女孩子们则在午夜将大麻种子撒在耕耘的土地上，还要念："我已经播下大麻种子。谁要成为我的丈夫。就请来收割吧。"万圣节前夜，家家户户门口会摆上一个雕着鬼脸的老南瓜。据说，它是巫婆的象征，用来吓唬魔鬼。

时光飞逝，经过一千多年的演变，万圣节的意义逐渐变得积极快乐起来，喜庆的意味成了主流。到了今天，万圣节成了孩子们狂欢的节日。

"给小费"的习俗

在国外，搭乘出租车、在饭店吃饭、机场人员代提行李等，都必须要给为你服务的人一点儿小费。"给小费"已经成为一种风俗。

　　这种在西方社会颇为流行的小费风俗，源于18世纪的英国伦敦。那时候，伦敦一些大酒店的餐桌上一般都摆着写有"to insure prompt service"（保证服务迅速）的碗。顾客坐定后，只需要将极少的钱放入这种碗中，马上就会得到饭店服务员迅速而周到的服务。

　　后来，这种做法相传开来，并逐渐演变成感谢服务人员而付给的报酬。而最初碗上的那几个英文单词的头一个字母连起来，就成了"tips"（即小费）。

　　一般情况下，付小费的方式很多，你可以放在菜盘下面，可以直接交到服务员手中，也可以将付款后找回的零钱作为小费留给服务员。

过生日为什么要吹蜡烛

　　家人朋友过生日时，大家就会聚在一起共同分享生日蛋糕，主角闭上眼睛，边许愿边吹生日蜡烛。整个房间充溢着一种温馨、浪漫的氛围。可是，为什么过生日吃蛋糕时要吹蜡烛呢？

　　这一习俗最早始于古希腊。古希腊的月亮女神阿耳忒弥斯的崇拜者们在庆祝月亮女神的生日时，总要在祭坛上供放甜蜜蛋糕和很多点亮着的蜡烛。用蜡烛才能烘托出一种神圣的氛围，以示他们对月亮女神的崇拜。后来，古希腊人在孩子的生日蛋糕上插上燃着的蜡烛，并且增加了一项吹灭蜡烛的活动。他们认为燃烧的蜡烛具有隐秘神奇的力量，如果孩

子对着蜡烛许下自己的心愿，并且一口气吹灭所有的蜡烛，他便会如愿以偿。于是吹蜡烛成为生日宴上有着吉庆意义的小节目，以后逐渐发展成一种生日习俗，并且流传至今。

西方忌讳"13"的原因

你如果要向一个外国小朋友表示友好，千万别送给他与数字"13"有关的礼物，在他面前，也尽量不要提及这个数字，因为西方人很忌讳"13"这个数字。

这种忌讳风俗有两种传说。

一种传说是，耶稣受害前，曾和他的十二个弟子共进了晚餐。在就餐时，耶稣说："你们中有一人要出卖我。"果真如耶稣所预言，共进晚餐的犹大，为了30块银圆，把耶稣出卖给统治者，致使耶稣被钉死在十字架上。当晚参加最后晚餐的正好有13个人，晚餐的日期恰逢13日，因此人们便认为"13"给耶稣带来了灾难。从此，"13"成为背叛和出卖的同义词，被认为是不幸的征兆。

另一种传说是在天堂的宴会上，出席了12位天神。突然，一位不速之客——凶神洛基闯进了宴席。这第13位来客阴谋害死了天神奥丁的儿子——代表"善"的巴尔德尔。人们认为这也是"13"所带来的灾难。

因此，在一些西方国家，住宅门牌号没有"13"，座位编号没有"13"，送人礼物数量也没有"13"，"13"这个数字往往用其他的符号来代替。